一本书读懂 ▶

交通标志标线与指示牌

王淑君　编著

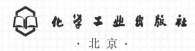

化学工业出版社

·北京·

内容简介

本书以文字、彩色图解配套3D MP4动画演示视频讲解的形式，对道路交通标志标线、交通信号灯、交通警察手势信号、交通指示牌等进行了详细的解读，内容涵盖道路交通标志标线和指示牌的概念、种类与作用，交通信号灯的分类、通行规定和含义等。重点介绍了各种比较容易混淆、复杂难懂的交通标志标线和指示牌的识读方法及技巧，并结合具体的实例进行对照讲解，直观易懂，实用性和可操作性都很强。

本书可供新老驾驶员以及正在进行科目一学习的驾校学员日常学习使用，也可作为职业技术院校汽车相关专业及汽车驾驶培训机构的参考教材，以及企事业单位车队或小车班培训教师和教练员的参考用书。

图书在版编目（CIP）数据

一本书读懂交通标志标线与指示牌/王淑君编著． —北京：化学工业出版社，2023.12

ISBN 978-7-122-44273-4

Ⅰ.①一…　Ⅱ.①王…　Ⅲ.①公路标志-中国-通俗读物　Ⅳ.①U491.5-49

中国国家版本馆CIP数据核字（2023）第187709号

责任编辑：黄　滢　　　　　　装帧设计：王晓宇
责任校对：边　涛

出版发行：化学工业出版社
　　　　　（北京市东城区青年湖南街13号　邮政编码100011）
印　　装：北京宝隆世纪印刷有限公司
710mm×1000mm　1/16　印张11　字数174千字
2024年5月北京第1版第1次印刷

购书咨询：010-64518888　　　　售后服务：010-64518899
网　　址：http://www.cip.com.cn
凡购买本书，如有缺损质量问题，本社销售中心负责调换。

定　　价：69.90元　　　　　　　　　　版权所有　违者必究

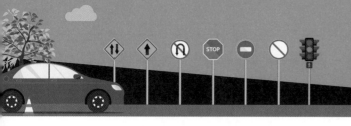

随着国内机动车保有量的逐年增加，汽车驾驶员的数量也与日俱增。然而，比较普遍的现象是：虽然驾驶员们都能够开车上路，但是无论是上路不久的新手，还是开车多年的老司机，都不一定能真正读懂道路上各种各样的标志标线和指示牌，尤其是相对复杂的道路指示牌和容易混淆的标志标线，往往因为误读、看不明白交通标志标线或指示牌而造成扣分罚款甚至交通事故的情况也是屡见不鲜。鉴于此，在化学工业出版社的组织下，特编写了本书。

本书依据《道路交通安全法》《机动车驾驶证申领和使用规定》《道路交通安全违法行为记分管理办法》等最新法律法规编写而成，基本内容分为以下7章进行介绍。

第1章介绍道路交通标志的概念、种类与作用，包括指示标志、警告标志、禁令标志、指路标志、旅游区标志、道路施工安全标志、辅助标志等，并在最后一节特别介绍了新增及更改完善的交通标志。

第2章介绍道路交通标线的概念、种类与作用，包括指示标线、警告标线和禁止标线。

第3章介绍交通信号灯与交通警察指挥手势信号，包括交通信号灯的分类、通行规定和含义，交通警察指挥手势信号及作用等。并结合具体实例进行讲解，如通过左转弯待转区转弯的正确方法和右转弯的正确方法等。

第4章介绍容易混淆的15组交通标志。详细讲解这些交通标志的识别和区分技巧，包括会车先行标志、会车让行标志与双向交通标志，注意环形交叉标志与环岛通行标志，停车让行标志与减速让行标志，禁止驶入标志与禁止通行标志，单行道标志与只准直行标志，禁止停车标志与禁止长时间停车标志，注意行人标志与人行横道标志，两侧通行标志、右侧通行标志和左侧通行标志，双向交通标志与潮汐车道标志，紧急停车带标志与错车道标志，机动车行驶标志与机动车车道标志，注意行人标志与注意儿童标志，路面不平标志、路面高凸标志与驼峰桥标志，限制速度标志与解除限制速度标志，窄桥标志与两侧变窄标志。

第5章介绍容易混淆的8组交通标线。详细讲解这些交通标线的识别和区分技巧，包括单白色实线与单黄色实线，单白色虚线与单黄色虚线，双黄色实线与黄色虚实线，单黄色虚线、双黄色实线与双黄色虚线，禁止停车标线和禁止长时间停车标线，停止线、停车让行线和减速让行线，收费广场减速标线与车行道横向减速标线，出租车专用待客停车位标线与出租车专用上下客停车位标线。

第6章介绍各种难懂的道路交通指示牌识读。讲解识读这些交通指示牌的基本原则、识读技巧，包括一般道路、高速公路和城市快速路指示牌。

第7章介绍道路交通标线和标志通行注意事项。包括虚线与虚实线通行、垂直横线通行、网状线与导流线通行、掉头标志通行。

全书语言文字精练、图片精美丰富，配套高清的3D MP4动画演示视频讲解，真实还原汽车驾驶场景，利于读者阅读、理解和掌握。

本书既适合已经取得驾驶证的朋友提升、完善驾驶技术，成为技术娴熟的驾驶员，也适合正在驾校学车考证的人员阅读，还可作为开设汽车相关专业的职业技术院校师生和驾校等驾驶培训机构、企事业单位的车队或小车班的培训教师日常教学和培训的参考教材。

由于水平所限，书中难免还有疏漏和不足之处，敬请广大读者朋友批评指正。

编著者

目 录

第1章　道路交通标志的概念、种类与作用

第2章　道路交通标线的概念、种类与作用

第3章　　交通信号灯与交通警察指挥手势信号

第4章　15组容易混淆的交通标志

第7章　道路交通标线和标志通行注意事项

第1章
道路交通标志的概念、种类与作用

道路交通标志按功能可分为7类：指示标志、警告标志、禁令标志、指路标志、旅游区标志、道路施工安全标志、辅助标志。

1.1 指示标志

指示车辆和行人行进含义的标志，道路使用者应遵守。

直行

表示一切车辆只准直行

向左转弯

表示一切车辆只准向左转弯

向右转弯

表示一切车辆只准向右转弯

直行和向左转弯

表示一切车辆

只准直行和向左转弯

直行和向右转弯

表示一切车辆

只准直行和向右转弯

向左和向右转弯

表示一切车辆

只准向左和向右转弯

靠右侧道路行驶
表示一切车辆只准在
分隔设施的右侧行驶

靠左侧道路行驶
表示一切车辆只准在
分隔设施的左侧行驶

允许掉头
表示该处允许机动车掉头

立体交叉直行和左转弯行驶
表示一切车辆在
立体交叉处可以直行和
按图示路线左转弯行驶

立体交叉直行和右转弯行驶
表示一切车辆在
立体交叉处可以直行和
按图示路线右转弯行驶

环岛行驶
表示一切车辆
只准靠右环行

单行路（直行）
表示该道路为单向通行，
驶入该道路的车辆应
依标志指示方向通行

单行路（向左或向右）
表示该道路为单向通行，
驶入该道路的车辆应
依标志指示方向通行

步行
表示该段道路只供步行，
任何车辆不准进入

鸣喇叭
表示机动车行至该标志处
应鸣喇叭，以提醒其他
道路使用者注意

开车灯标志
表示机动车行至该
标志处应开启车灯

最低限速
表示机动车驶入前方
道路的最低时速限制

路口优先通行
表示交叉口主要道路上
车辆享有优先通行权利

会车先行
表示车辆在会车时
享有优先通行权利

人行横道
表示该处为人行横道

掉头车道
表示车道的行驶方向

掉头和左转合用车道
表示车道的行驶方向

右转车道
表示车道的行驶方向

直行车道
表示车道的行驶方向

直行和右转合用车道
表示车道的行驶方向

直行和左转合用车道
表示车道的行驶方向

左转车道
表示车道的行驶方向

小型客车车道
表示该车道仅供小型客车通行

公交线路专用车道
表示该车道仅供公交车辆、
通勤班车等大型载客汽车通行

有轨电车专用车道
表示该车道仅供
有轨电车通行

机动车行驶
表示该道路仅供
机动车通行

机动车车道
表示该车道仅供
机动车通行

电动自行车行驶
表示该车道仅供
电动自行车通行

电动自行车车道
表示该车道仅供
电动自行车通行

非机动车行驶
表示该道路仅供
非机动车通行

非机动车车道
表示该车道仅供
非机动车通行

快速公交系统（BRT）专用车道
表示该车道仅供
BRT车辆通行

多乘员车辆专用车道
表示该车道仅供
多乘员的车辆通行

非机动车与行人通行
表示该道路仅供非机动车与行人通行，机动车不准进入

非机动车推行

表示该道路仅供非机动车推行，
不准骑行

靠右侧车道行驶

表示车辆除必要的超车行为外，
应靠右侧车道行驶

停车位

表示机动车允许停放的区域

停车位

表示机动车允许停放的区域

停车位

表示机动车允许停放的区域

停车位

表示机动车允许停放的区域

货车通行

表示货车应在该道路上行驶，
其他车辆也可以在该道路上行驶

1.2 警告标志

警告车辆驾驶人应注意前方有难以发现的情况，需减速慢行或采取其他安全措施的标志。

交叉路口

用以警告车辆驾驶人前方有
交叉路口，注意横向来车

交叉路口

用以警告车辆驾驶人前方有
交叉路口，注意横向来车

交叉路口

用以警告车辆驾驶人前方有
交叉路口，注意横向来车

交叉路口

用以警告车辆驾驶人前方有
交叉路口，注意横向来车

交叉路口

用以警告车辆驾驶人前方有
交叉路口，注意横向来车

交叉路口

用以警告车辆驾驶人前方有
交叉路口，注意横向来车

交叉路口

用以警告车辆驾驶人前方有
交叉路口，注意横向来车

交叉路口

用以警告车辆驾驶人前方有
交叉路口，注意横向来车

交叉路口

用以警告车辆驾驶人前方有
交叉路口，注意横向来车

交叉路口

用以警告车辆驾驶人前方有
交叉路口，注意横向来车

交叉路口

用以警告车辆驾驶人谨慎
慢行，注意横向来车

向右急转弯

用以警告车辆驾驶人
减速慢行

向左急转弯

用以警告车辆驾驶人
减速慢行

反向弯路

用以警告车辆驾驶人
减速慢行

反向弯路

用以警告车辆驾驶人
减速慢行

连续弯路
用以警告车辆驾驶人
减速慢行

上坡路
用以提醒车辆驾驶人
小心驾驶

下坡路
用以提醒车辆驾驶人
小心驾驶

连续下坡
用以提醒车辆驾驶
人小心驾驶

两侧变窄
用以警告车辆驾驶人注意
前方车行道或路面狭窄情况，
遇有来车应减速避让

右侧变窄
用以警告车辆驾驶人注意
前方车行道或路面狭窄情况，
遇有来车应减速避让

左侧变窄
用以警告车辆驾驶人注意
前方车行道或路面狭窄情况，
遇有来车应减速避让

窄桥
用以警告车辆驾驶人
注意前方桥面宽度
变窄，应谨慎驾驶

易滑
用以提醒车辆驾驶人
注意慢行

双向交通
用以提醒车辆驾驶人
注意会车

行人
用以警告车辆驾驶人
减速慢行，注意行人

儿童
用以警告车辆驾驶人
减速慢行，注意儿童

牲畜

用以提醒车辆驾驶人
谨慎慢行，注意牲畜

渡口

用以提醒车辆驾驶人
谨慎驾驶

野生动物

用以提醒车辆驾驶人谨慎
慢行，注意野生动物

信号灯

用以警告车辆驾驶人注意
前方路段设有信号灯，
应依信号灯指示行车

村庄

用以提醒车辆
驾驶人谨慎驾驶，
注意前方为村庄

落石

用以提醒车辆驾驶人
注意左侧落石

落石

用以提醒车辆驾驶人
注意右侧落石

横风

用以提醒车辆驾驶人
谨慎驾驶，注意横风

傍山险路

用以提醒车辆驾驶人
谨慎驾驶，注意路左侧危险

傍山险路

用以提醒车辆驾驶人谨慎
驾驶，注意路右侧危险

堤坝路

用以提醒车辆驾驶人谨慎
驾驶，注意路左侧危险

堤坝路

用以提醒车辆驾驶人谨慎
驾驶，注意路右侧危险

隧道
用以提醒车辆驾驶人谨慎
驾驶，注意前方为隧道

驼峰桥
用以提醒车辆驾驶人谨慎
驾驶，注意驼峰桥

路面不平
用以提醒车辆驾驶人减速
慢行，注意路面颠簸

减速丘（路面高凸）
用以提醒车辆驾驶人
减速慢行，注意前方
路段设有减速丘

路面低洼
用以提醒车辆驾驶人减速
慢行，设在路面突然
低洼以前适当位置

过水路面
用以提醒车辆驾驶人
谨慎慢行，注意前方为
过水路面或漫水桥

有人看守铁道路口
用以警告车辆驾驶人
注意前方有铁路道口，
应减速慢行或及时停车

无人看守铁道路口
用以警告车辆驾驶人
注意前方有铁路道口，
应减速慢行或及时停车

叉形符号
用以警告车辆驾驶人
注意慢行或及时停车

非机动车
用以提醒车辆驾驶人谨慎
驾驶，注意非机动车

电动自行车
用以提醒车辆驾驶人谨慎
驾驶，注意电动自行车

残疾人
用以提醒车辆驾驶人
减速慢行，注意残疾人

事故易发路段
用以警告前方道路为
事故易发路段，
车辆驾驶人应谨慎驾驶

慢行
用以提醒车辆
驾驶人减速慢行

右侧绕行
用以提醒前方道路有
障碍物，车辆驾驶人应
右侧绕行，谨慎驾驶

左侧绕行
用以提醒前方道路有
障碍物，车辆驾驶人应
左侧绕行，谨慎驾驶

左右绕行
用以提醒前方道路有
障碍物，车辆驾驶人应
左右绕行，谨慎驾驶

危险
用以提醒车辆驾驶人
谨慎驾驶，注意危险

施工
用以告示前方道路施工，
车辆应减速慢行
或绕道行驶

建议速度
用以提醒车辆驾驶人
以建议的速度行驶

交通事故管理
用以警告前方路段正在进行
道路交通事故管理，
车辆驾驶人应减速慢行、
停车等候或绕道行驶

隧道开车灯
用以警告车辆驾驶人
进入隧道前打开
前照灯，谨慎行驶

潮汐车道
用以警告车辆驾驶人
注意前方为潮汐车道

避险车道
用以提醒货车驾驶人
注意前方道路
设有避险车道

避险车道
用以提醒车辆驾驶人
注意前方道路
设有避险车道

避险车道
用以提醒车辆驾驶人
注意前方道路
设有避险车道

避险车道
用以提醒车辆驾驶人
注意前方道路
设有避险车道

避险车道
用以提醒车辆驾驶人
注意前方道路
设有避险车道

避险车道
用以提醒车辆驾驶人
注意前方道路
设有避险车道

避险车道
用以提醒车辆驾驶人
注意前方道路
设有避险车道

避险车道
用以提醒车辆驾驶人
注意前方道路
设有避险车道

避险车道
用以提醒车辆驾驶人
注意前方道路
设有避险车道

避险车道
用以提醒车辆驾驶人
注意前方道路
设有避险车道

车道数变少
用以提醒车辆
驾驶人注意前方
车道数量变少

合流
用以警告车辆
驾驶人注意左前方
有车辆汇合进来

合流
用以警告车辆
驾驶人注意右前方
有车辆汇合进来

丁字平面交叉
用以警告车辆驾驶人
注意前方交叉路口
是分离式道路，
且为三岔道路

十字平面交叉
用以警告车辆驾驶人
注意前方交叉路口
是分离式道路，
且为四岔道路

保持车距
用以警告车辆驾驶人
注意和前车
保持安全距离

前方车辆排队
用以提醒车辆驾驶人
注意前方车辆排队

不利气象条件
用以警告车辆驾驶人
注意不利气象条件，
谨慎驾驶

路面结冰
用以警告车辆驾驶人
注意路面结冰，
谨慎驾驶

雾天
用以警告车辆
驾驶人注意雾天，
谨慎驾驶

雨（雪）天
用以警告车辆驾驶人
注意雨（雪）天，
谨慎驾驶

线形诱导
用以引导行车方向，
提醒驾驶人谨慎驾驶，
注意前方线形变化

积水
用以提醒车辆驾驶人
注意前方路段积水

1.3 禁令标志

禁止、限制及相应解除含义的标志，道路使用者应严格遵守。

停车让行
表示车辆必须在
进入路口前完全
停止，确认安全后，
方可通行

减速让行
表示车辆应减速让行，
告示车辆驾驶人应慢行
或停车，观察干道行车
情况，在确保干道车辆
优先以及安全的前提下，
方可进入路口

会车让行
表示车辆会车时，
应停车让对方车先行

禁止通行
表示禁止一切车辆和行人通行

禁止驶入
表示禁止一切车辆驶入

禁止机动车驶入
表示禁止各类机动车驶入

禁止载货汽车驶入
表示禁止载货汽车驶入

禁止电动三轮车驶入
表示禁止电动三轮车驶入

禁止大型客车驶入
表示禁止大型客车驶入

禁止小型客车驶入
表示禁止小型
客车驶入

禁止挂车、半挂车驶入
表示禁止挂车、
半挂车驶入

禁止拖拉机驶入
表示禁止
拖拉机驶入

禁止三轮汽车、低速货车驶入
表示禁止三轮汽车、
低速货车驶入

禁止摩托车驶入
表示禁止摩托车驶入

禁止标志上所示的两种车辆驶入
表示禁止标志上所示的
两种车辆驶入

禁止电动自行车进入
表示禁止电动自行车进入

禁止各类非机动车进入
表示禁止各类非机动车进入

禁止畜力车进入
表示禁止畜力车进入

禁止人力货运三轮车进入
表示禁止人力货运
三轮车进入

禁止人力客运三轮车进入
表示禁止人力客运
三轮车进入

禁止人力车进入
表示禁止人力车进入

禁止行人进入
表示禁止行人进入

禁止向右转弯
表示前方路口禁止
一切车辆向右转弯

禁止向左转弯
表示前方路口禁止
一切车辆向左转弯

禁止小客车向右转弯
表示前方路口禁止
小客车向右转弯

禁止载货汽车左转弯
表示前方路口禁止
载货汽车向左转弯

禁止直行
表示前方路口禁止
一切车辆直行

禁止向左向右转弯
表示前方路口禁止
一切车辆向左向右转弯

禁止直行和向右转弯
表示前方路口禁止
一切车辆直行和向右转弯

禁止直行和向左转弯
表示前方路口禁止一切
车辆直行和向左转弯

禁止掉头
表示禁止机动车掉头

禁止超车
表示该标志至前方解除
禁止超车标志的路段内，
不允许机动车超车

解除禁止超车
表示禁止超车路段结束

禁止停车
表示在限定的范围内，
禁止一切车辆停放

禁止长时停车
表示在限定的范围内，
禁止一切车辆长时间停
放，临时停车不受限制

禁止鸣喇叭
表示禁止车辆鸣喇叭

限制宽度

表示禁止装载宽度超过标志
所示数值的车辆通行

限制高度

表示禁止装载高度超过标志
所示数值的车辆通行

限制质量

表示禁止总质量超过标志
所示数值的车辆通行

限制轴重

表示禁止轴重超过标志
所示数值的车辆通行

限制速度

表示该标志至前方解除
限制速度标志或另一个
不同限速值的限制速度
标志的路段内，机动车
行驶速度（单位为km/h）
不准超过标志所示数值

解除限制速度

表示限制速度路段结束

停车检查

表示机动车应停车
接受检查

禁止运输危险物品车辆驶入

表示禁止运输危险
物品车辆驶入

海关

表示道路前方是海关，
所有机动车都应停车检查，
合格后方可通过

区域禁止车辆长时停放

表示区域禁止长时间停车

区域禁止车辆长时停放解除

表示区域禁止长时间停车解除

区域禁止车辆停放

表示区域禁止停车

区域禁止车辆停放解除
表示区域禁止
停车解除

区域限制速度
表示区域限制车辆
行驶速度

区域限制速度解除
表示区域限制车辆行驶
速度解除

1.4　指路标志

传递道路信息的标志，为驾驶人提供去往目的地所经过的道路、沿途相关城镇、重要公共设施、服务设施、地点、距离和行车方向等信息。

1.4.1　一般道路指路标志

四车道及以上公路
交叉路口预告

四车道及以上公路
交叉路口预告

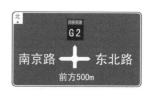

四车道及以上公路
交叉路口预告

大交通量的四车道以上
公路交叉路口预告

大交通量的四车道以上
公路交叉路口预告

箭头杆上标识公路编号、道路
名称的公路交叉路口预告

箭头杆上标识道路
名称的公路交叉路口预告

十字交叉路口预告

十字交叉路口预告

十字交叉路口预告

十字交叉路口预告

丁字交叉路口预告

丁字交叉路口预告

丁字交叉路口预告

丁字交叉路口预告

丁字交叉路口预告

Y形交叉路口预告

环形交叉路口预告

互通式立体交叉路口预告

互通式立体交叉路口预告

分岔处预告

分岔处预告

国道编号

省道编号

县道编号

乡道编号

街道名称

道路名称方向告知

地点距离

地名

著名地点标志

行政区划分界

道路管理分界

道路管理分界

急救站识别

飞机场识别

某一方向上有多个重要
场所的地点识别

露天停车场

室内停车场

错车道

人行天桥

人行地下通道

无障碍设施

观景台

观景台

应急避难设施（场所）

休息区

休息区

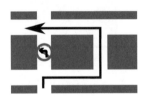

绕行

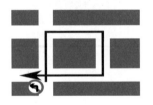

绕行

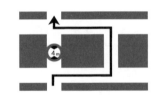

绕行

交通监控设备

隧道出口距离预告

隧道出口距离预告

两侧通行

右侧通行

左侧通行

此路不通

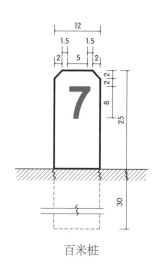

百米桩

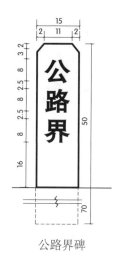

公路界碑

里程牌

1.4.2 高速公路、城市快速路指路标志

高速公路入口距离预告

高速公路入口距离预告

高速公路入口距离预告

高速公路入口预告

高速公路入口预告

无编号高速公路或城市
快速路入口距离预告

无编号高速公路或城市
快速路入口距离预告

无编号高速公路或城市
快速路入口距离预告

无编号高速公路或城市
快速路入口预告

无编号高速公路或城市
快速路入口预告

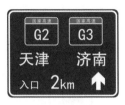

两条高速公路路段
重合的入口距离预告

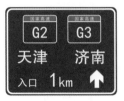

两条高速公路路段
重合的入口距离预告

两条高速公路路段重合
的入口距离预告

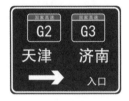

两条高速公路路段重合
的入口预告

两条高速公路路段重合
的入口预告

不带编号标识的
地点、方向

不带编号标识的
地点、方向

带编号标识的
地点、方向

带编号标识的地点、方向

高速公路编号

高速公路编号

高速公路命名编号

高速公路命名编号

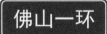

路名

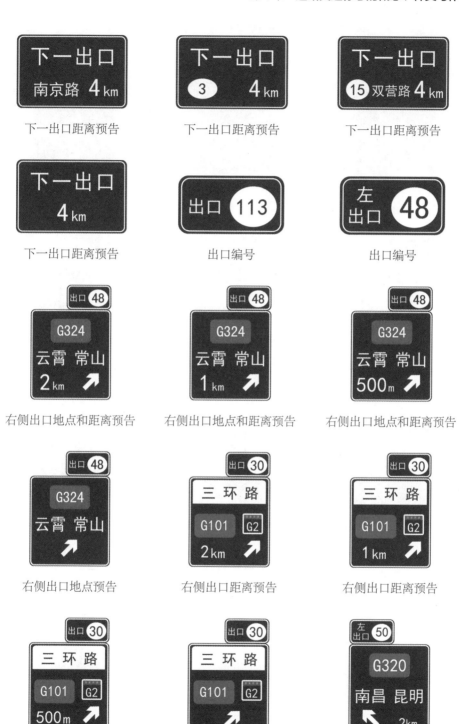

下一出口距离预告　　　　下一出口距离预告　　　　下一出口距离预告

下一出口距离预告　　　　出口编号　　　　　　　　出口编号

右侧出口地点和距离预告　右侧出口地点和距离预告　右侧出口地点和距离预告

右侧出口地点预告　　　　右侧出口距离预告　　　　右侧出口距离预告

右侧出口距离预告　　　　右侧出口预告　　　　　　左侧出口地点和距离预告

左侧出口地点和距离预告

左侧出口地点和距离预告

左侧出口地点预告

左侧出口距离预告

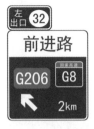

左侧出口距离预告

左侧出口距离预告

左侧出口预告

出口标志及出口
地点方向

出口标志及出口
地点方向

出口标志及出口
地点方向

出口标志及出口
地点方向

高速公路起点

高速公路起点

无统一编号的高速公路
或城市快速路起点

终点距离预告

终点距离预告

终点距离预告

无统一编号的高速公路或
城市快速路终点距离预告

无统一编号的高速公路或
城市快速路终点距离预告

无统一编号的高速公路或
城市快速路终点距离预告

终点距离提示标志

国家高速公路、省级
高速公路终点

国家高速公路、省级
高速公路终点

无统一编号的高速公路或
城市快速路终点

道路交通信息

里程牌

无编号的高速公路或
城市快速路里程牌

百米牌

特殊天气建议速度

特殊天气建议速度

停车领卡

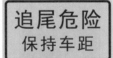

车距确认

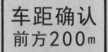

车距确认

车距确认

车距确认

车距确认

紧急电话

电话位置指示

电话位置指示

电话位置指示

救援电话

救援电话

不设电子不停车收费（ETC）
车道的收费站距离预告

不设电子不停车收费（ETC）
车道的收费站距离预告

不设电子不停车收费（ETC）
车道的收费站距离预告

不设电子不停车收费（ETC）
车道的收费站

设有电子不停车收费（ETC）
车道的收费站距离预告

设有电子不停车收费（ETC）
车道的收费站距离预告

设有电子不停车收费（ETC）
车道的收费站距离预告

设有电子不停车收费（ETC）
车道的收费站

超限超载检测站距离预告

超限超载检测站距离预告

超限超载检测站距离预告

超限超载检测站

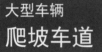

爬坡车道

爬坡车道

爬坡车道

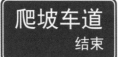

爬坡车道

计重收费

加油站

紧急停车带

服务区预告

服务区预告

服务区距离预告

服务区距离预告

服务区预告

服务区距离预告

服务区距离预告

服务区预告

停车区距离预告

停车区预告

停车区预告

停车场距离预告

停车场预告

停车场预告

停车场

停车场

ETC车道指示

ETC车道指示

设置在指路标志
版面中的方向

设置在指路标志
版面中的方向

设置在指路标志
版面中的方向

设置在指路标志
版面中的方向

设置在指路标志
版面中的方向

设置在指路标志
版面外的方向

1.5　其他标志

1.5.1　旅游区标志

指引人们前往邻近的旅游区，识别通往旅游区的方向和距离，了解旅游项目的类别。

旅游区距离　　　　　　　旅游区方向　　　　　　　旅游区方向

信息服务　　　　　　　　徒步　　　　　　　　　索道

野营地　　　　　　　　营火　　　　　　　　　游戏场

骑马　　　　　　　　　钓鱼　　　　　　　　高尔夫球

潜水　　　　　　　　　游泳　　　　　　　　划船

冬季游览区　　　　　　滑雪　　　　　　　　滑冰

1.5.2　道路施工安全标志

告知道路施工区通行的标志。

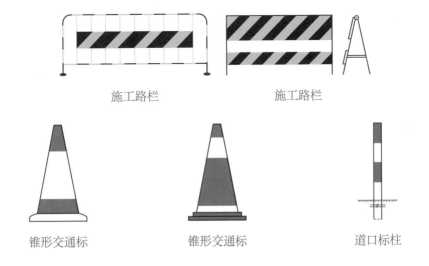

施工路栏　　　　　　　　　　施工路栏

锥形交通标　　　　　　锥形交通标　　　　　　道口标柱

前方施工

前方施工

前方施工

道路封闭

道路封闭

道路封闭

右道封闭

右道封闭

右道封闭

左道封闭

左道封闭

左道封闭

中间封闭

中间封闭

中间封闭

车辆慢行

向左行驶

向右行驶

向左改道

向右改道

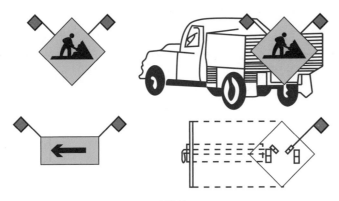

移动性施工

1.5.3　辅助标志

安装在主标志下面，紧靠主标志下缘，起辅助说明使用的标志。

时间范围	时间范围	机动车
货车	私人专属	行驶方向
行驶方向	行驶方向	行驶方向
行驶方向	行驶方向	行驶方向

行驶方向

向前200m

向左100m

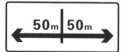

向左、向右各50m

向右100m

二环路区域内

某区域内

200m

距离某地200m

学校

学校

海关

海关

事故

事故

塌方

塌方

教练路线

教练车行驶路线

考试路线

驾驶考试路线

校车停靠站点

组合辅助

严禁酒后驾车

严禁酒后驾车

严禁乱扔弃物

严禁乱扔弃物

急弯减速 急弯减速

急弯减速慢行

急弯减速 急弯减速

急弯减速慢行

急弯下坡减速 急弯下坡减速

急弯下坡减速慢行

急弯下坡减速 急弯下坡减速

急弯下坡减速慢行

系安全带

大型车靠右

驾驶时禁用手持电话

校车停靠站点

1.6 新增及更改完善的交通标志解读

❶ 禁令、指示标志增加了荧光粉红色作为交通事件管理区的警告标志底色。

❷ 增加了标志板背面的使用要求。标志板背面不应用作宣传和广告，应为灰色、黑色或金属原色并避免眩光。

❸ 增加了电动自行车行驶标志、电动自行车车道标志、禁止电动自行车进入标志。

④ 增加了小型客车车道标志、有轨电车专用车道标志。

⑤ 增加了开车灯标志。

⑥ 增加了非机动车与行人通行标志。

⑦ 增加了非机动车推行标志。

⑧ 增加了靠右侧车道行驶标志。

⑨ 增加了硬路肩允许行驶标志。

硬路肩允许行驶　　　　　硬路肩允许行驶　　　　　硬路肩允许行驶
　　路段开始　　　　　　　路段即将结束　　　　　　　路段结束

⑩ 增加了可在人行横道标志外加荧光黄绿边框使标志醒目的规定。

⑪ 增加了货车通行标志。

⑫ "注意车道数变少标志"由指路标志改为警告标志。

⑬ "线形诱导标"由指路标志改为警告标志，并细化了设置条件及要求。

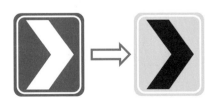

⑭ 增加了"注意积水"标志。

⑮ 更改了街道名称标志版面文字排列方式的规定。

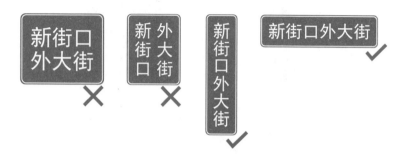

⑯ 更改了地点距离标志中间分隔线。

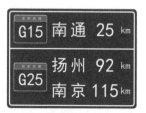

⑰ 增加了直出车道的指引标志。

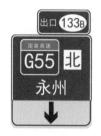

⓲ 增加了枢纽互通出口预告标志、出口方向标志的设置规定。

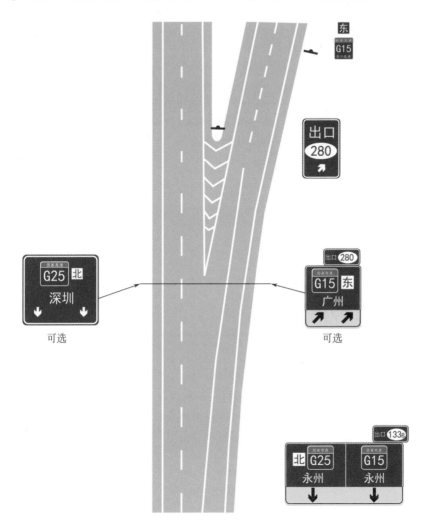

⓳ 增加了前方车道控制的告示标志。

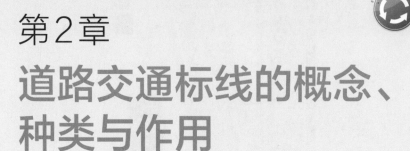

第2章

道路交通标线的概念、种类与作用

道路交通标线按功能主要分为3类：指示标线、警告标线和禁止标线。

2.1 16种指示标线

指示标线包括可跨越对向车行道分界线、可跨越同向车行道分界线、潮汐车道线、车行道边缘线、左弯待转区线、路口导向线、导向车道线、人行横道线、车距确认标线、道路出入口标线、停车位标线、停靠站标线、减速丘标线、导向箭头、路面文字标记、路面图形标记。

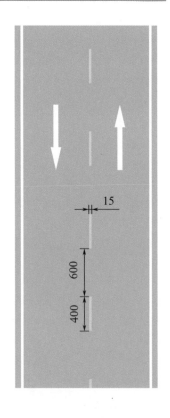

2.1.1 可跨越对向车行道分界线[1]

---

[1] 本书图中未注单位均为厘米。

2.1.2　可跨越同向车行道分界线

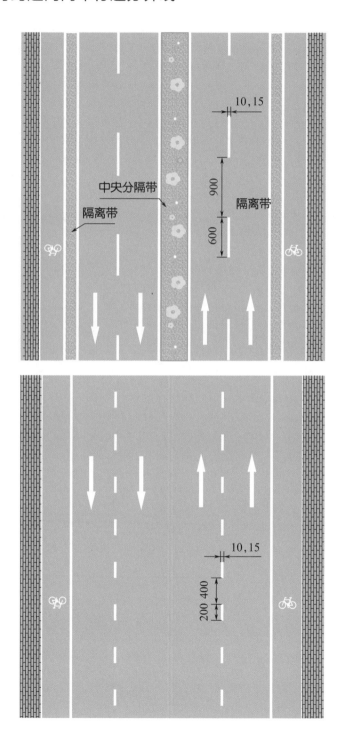

2.1.3 潮汐车道线

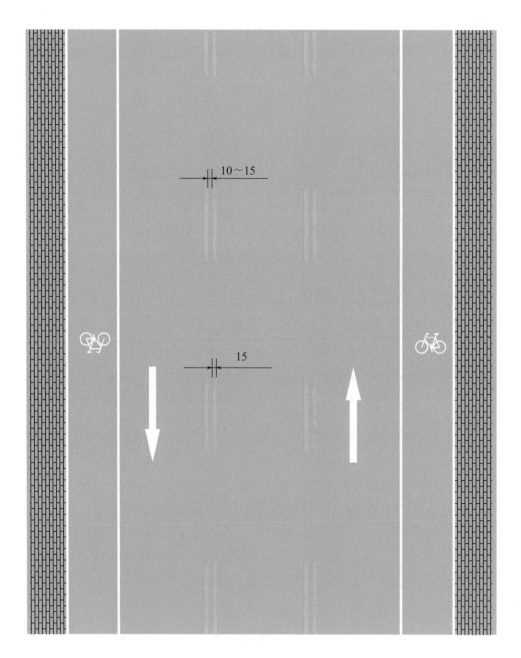

2.1.4　车行道边缘线

2.1.4.1　车行道边缘白色实线

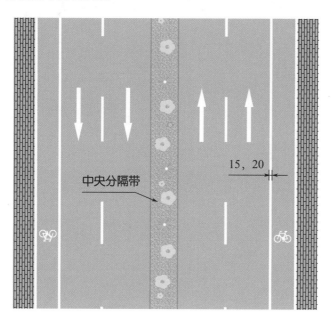

2.1.4.2　车行道边缘白色虚线

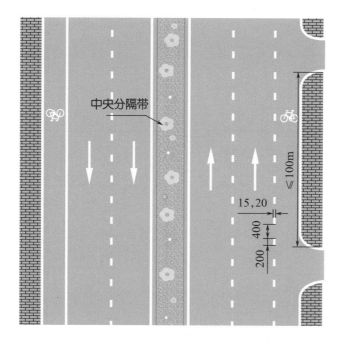

2.1.4.3　车行道边缘白色虚实线

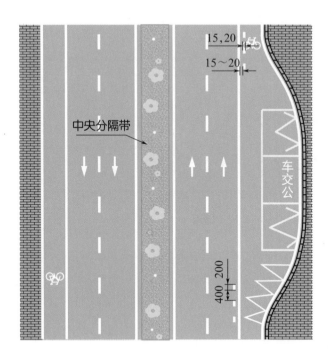

2.1.4.4　黄色单实线车行道边缘线

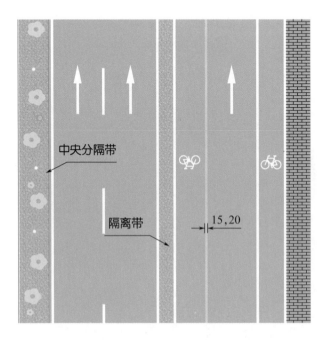

2.1.5　左弯待转区线

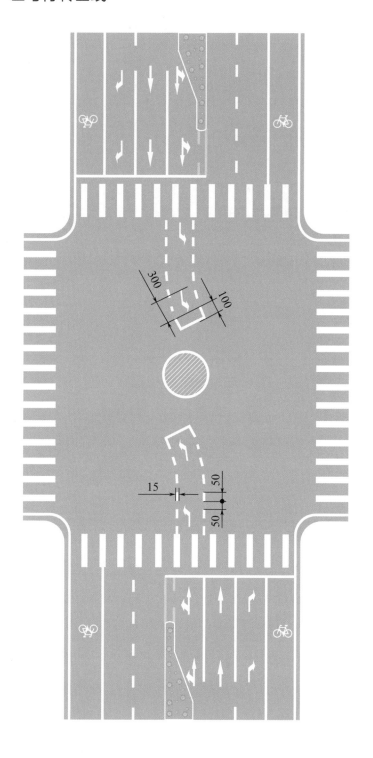

2.1.6 路口导向线

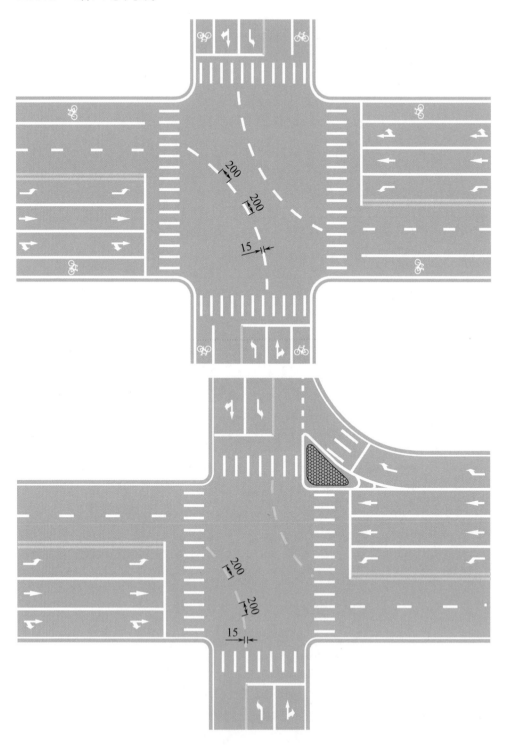

2.1.7 导向车道线

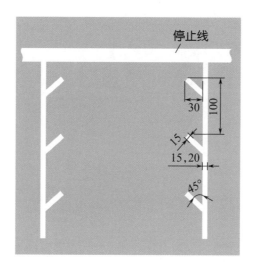

2.1.8 人行横道线

2.1.8.1 与道路中心线垂直的人行横道线

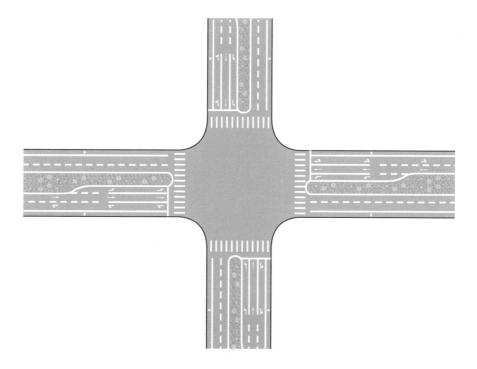

2.1.8.2　与道路中心线斜交的人行横道线

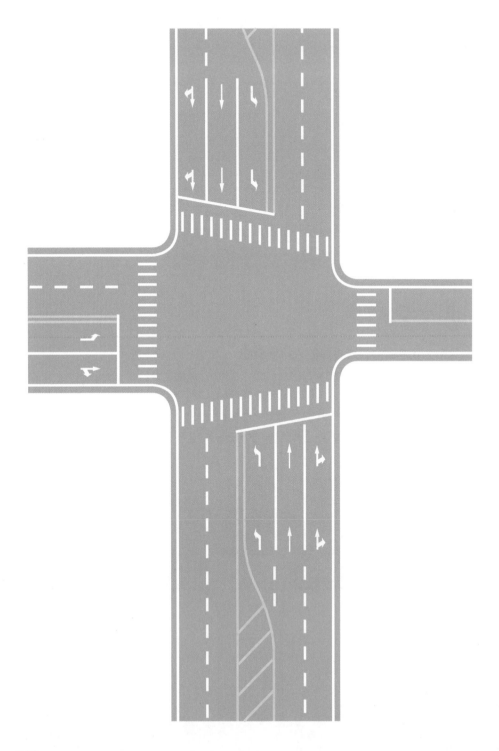

2.1.8.3　行人左右分道的人行横道线

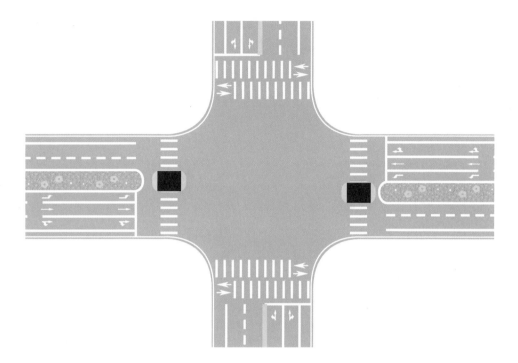

2.1.8.4　人行横道预告标识线

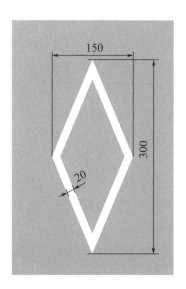

2.1.9　车距确认标线

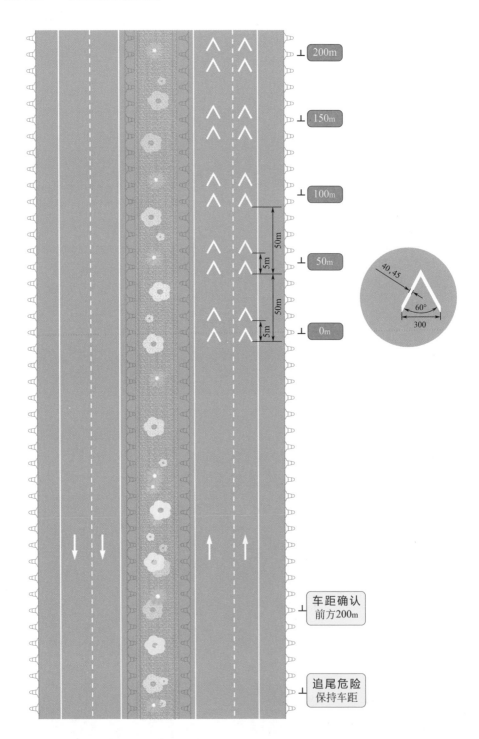

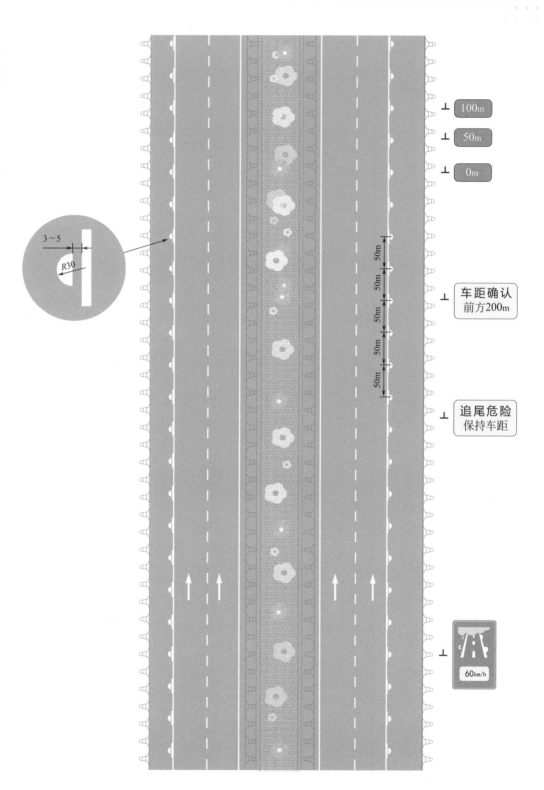

2.1.10 道路出入口标线

2.1.10.1 出口标线

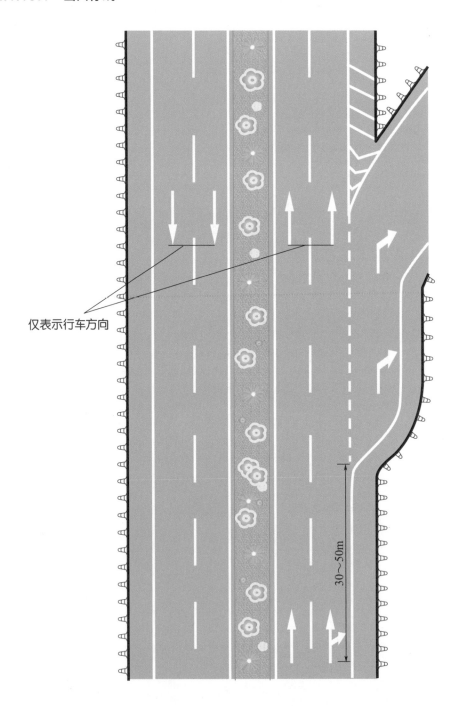

仅表示行车方向

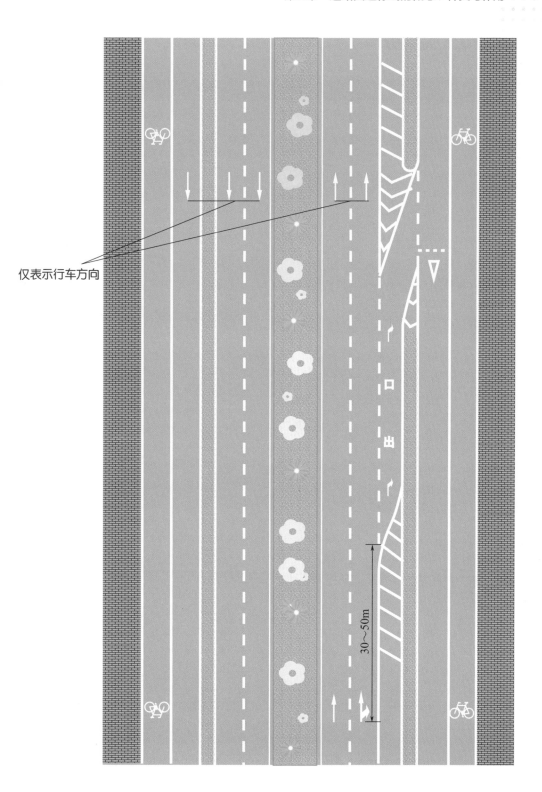

仅表示行车方向

2.1.10.2　入口标线

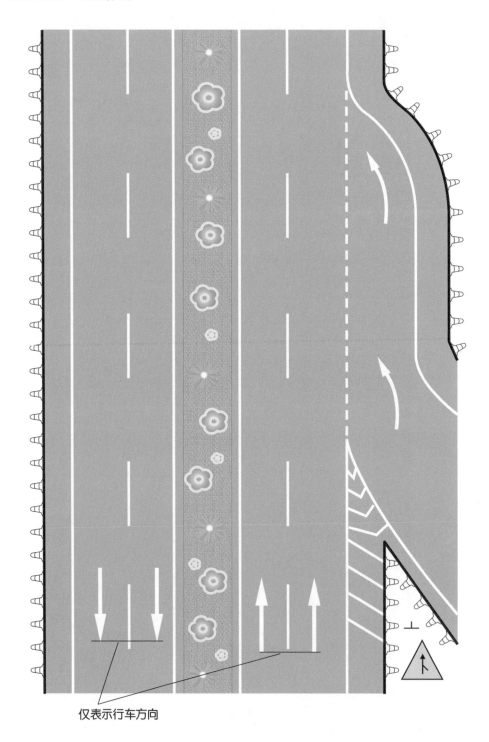

仅表示行车方向

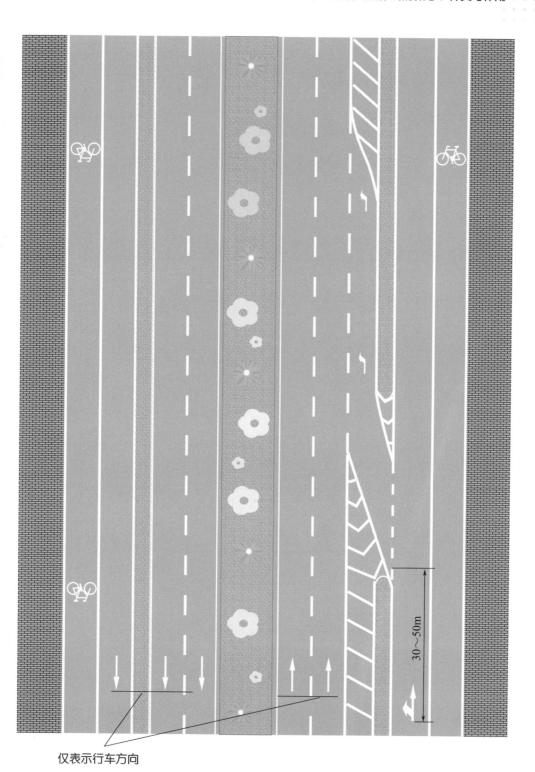

仅表示行车方向

2.1.11 停车位标线

2.1.11.1 倾斜式停车位标线

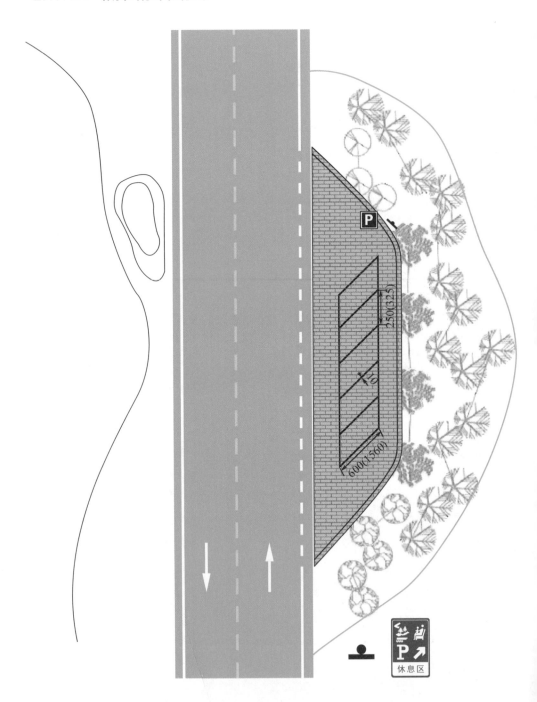

2.1.11.2 垂直式停车位标线

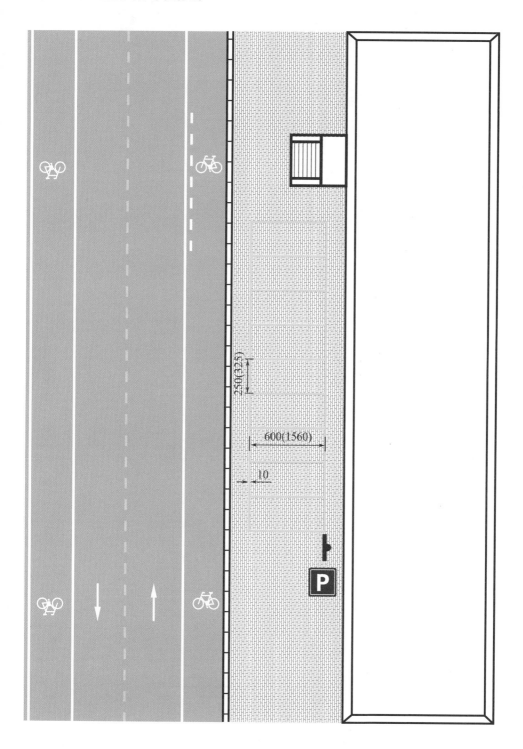

2.1.11.3 固定停车方向停车位标线

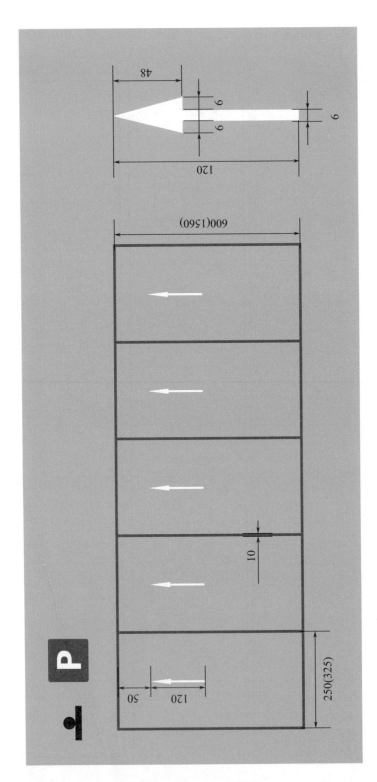

2.1.11.4　出租车专用待客停车位标线

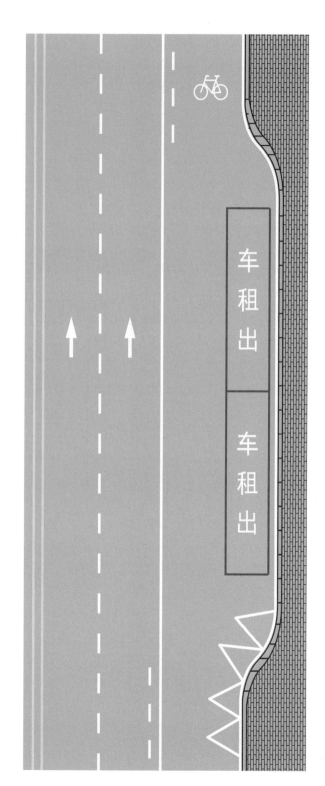

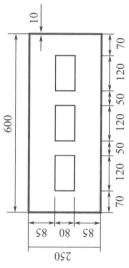

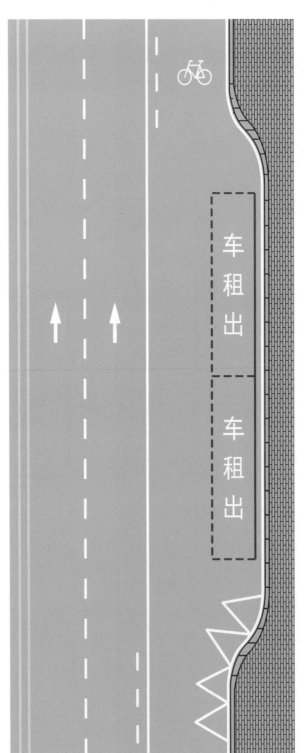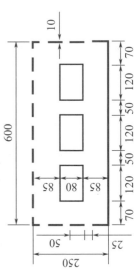

2.1.11.5　出租车专用上下客停车位标线

2.1.11.6　残疾人专用停车位标线

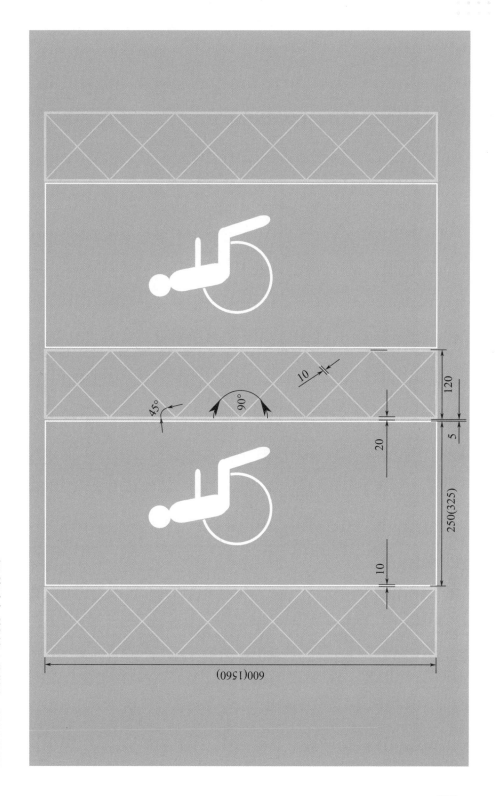

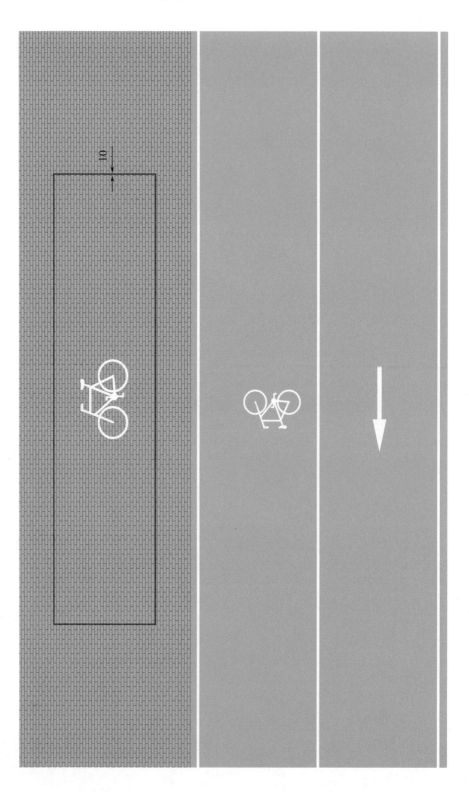

2.1.11.7 非机动车停车位标线

2.1.11.8 平行式机动车限时停车位标线

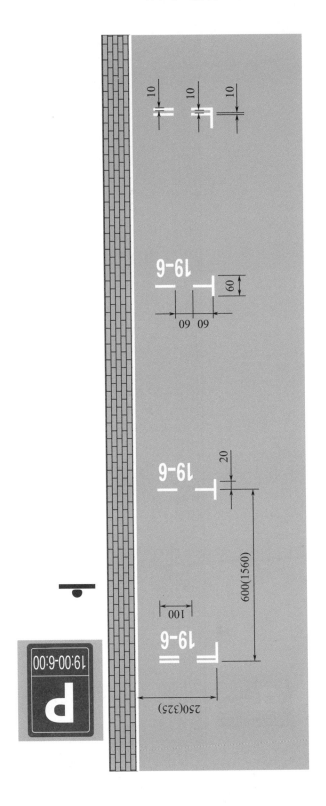

2.1.11.9 倾斜式机动车限时停车位标线

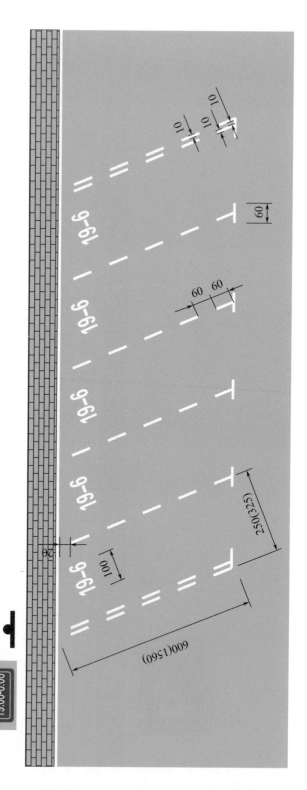

2.1.11.10 垂直式机动车限时停车位标线

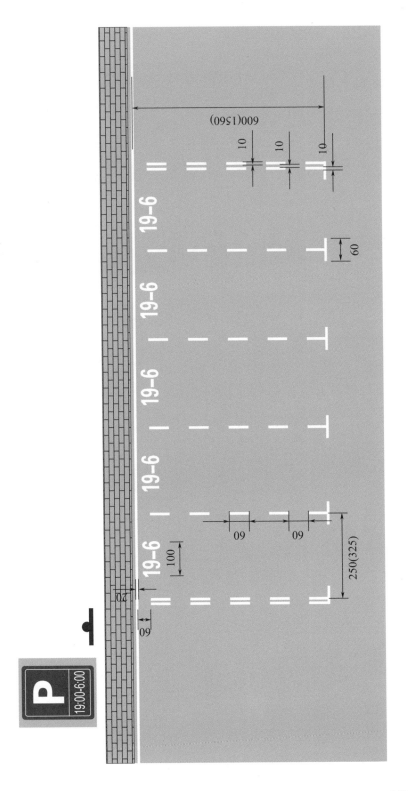

2.1.11.11　平行式停车位标线

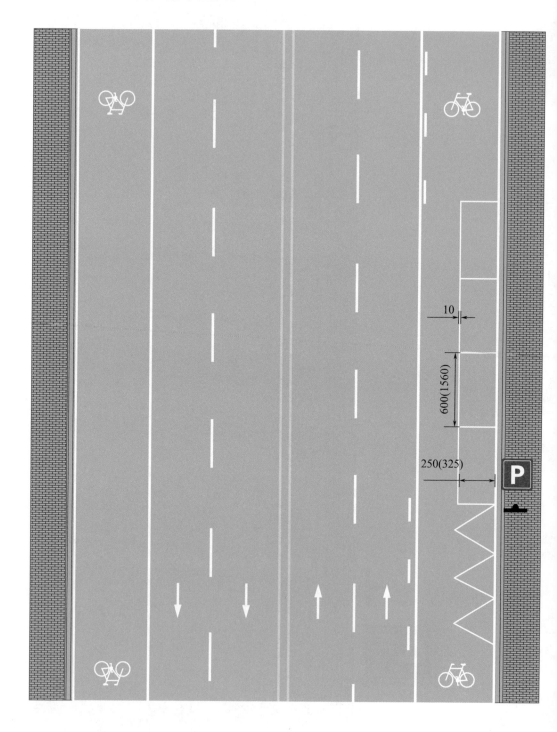

2.1.12 停靠站标线

2.1.12.1 港湾式停靠站标线

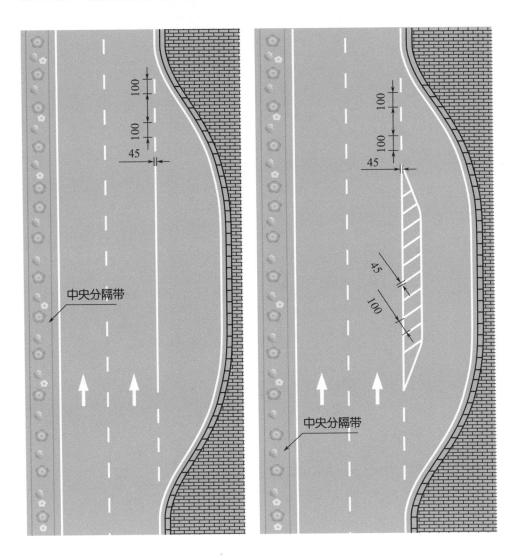

2.1.12.2　车种专用港湾式停靠站标线

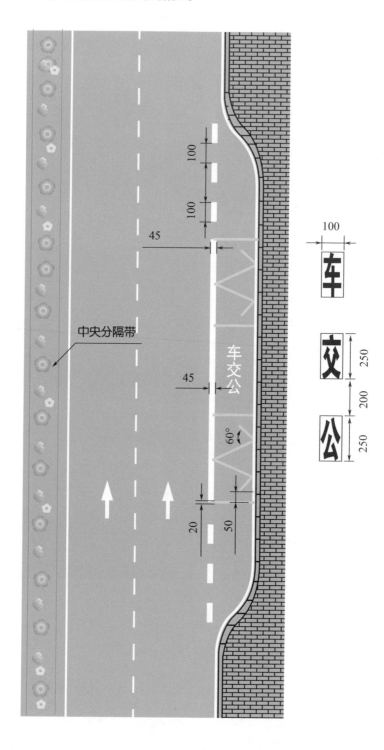

中央分隔带

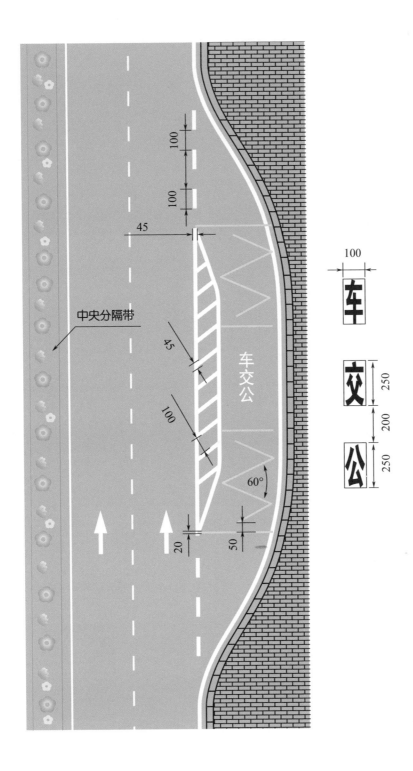

2.1.13 减速丘标线

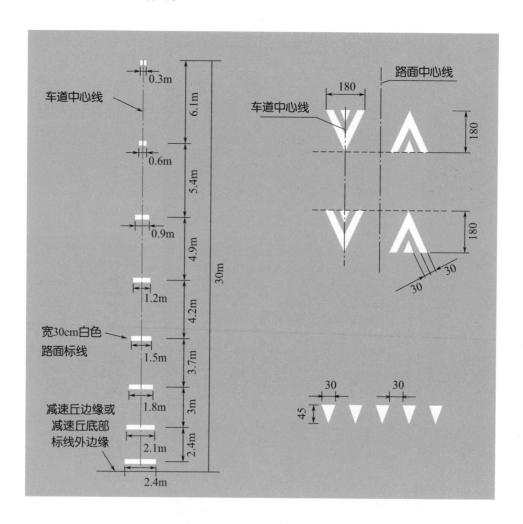

2.1.14 导向箭头

2.1.14.1 指示直行

2.1.14.2 指示前方可直行或左转

2.1.14.3 指示前方左转

2.1.14.4 指示前方右转

2.1.14.5 指示前方可直行或右转

2.1.14.6 指示前方掉头

2.1.14.7 指示前方可直行或掉头

2.1.14.8 指示前方可左转或掉头

2.1.14.9 指示前方道路仅可左右转弯

2.1.14.10 提示前方道路有左弯或需向左合流

2.1.14.11　提示前方道路有右弯或需向右合流

2.1.15　路面文字标记

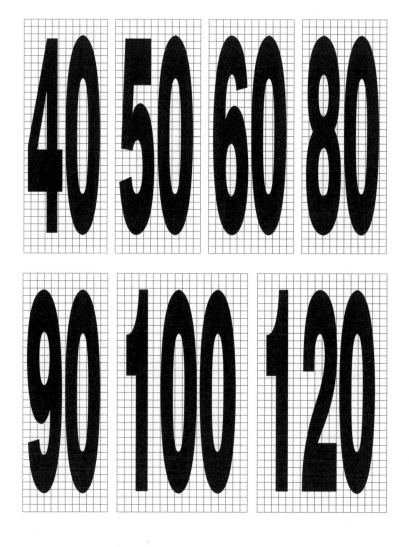

2.1.16 路面图形标记

2.1.16.1 非机动车道路面标记

2.1.16.2 残疾人专用停车位路面标记

2.1.16.3 注意前方路面状况标记

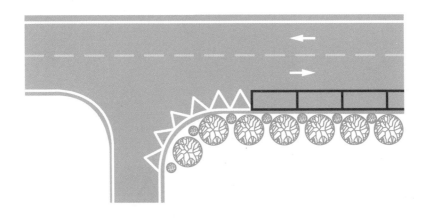

2.2　5种警告标线

　　警告标线包括路面（车行道）宽度渐变段标线、接近障碍物标线、铁路平交道口标线、减速标线、立面标记。

2.2.1　路面（车行道）宽度渐变段标线

2.2.1.1　三车行道变为双车行道渐变段标线设置示例

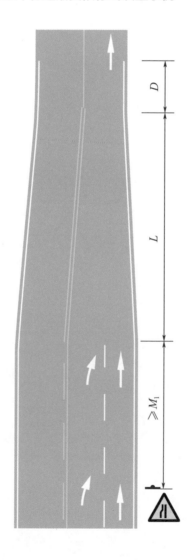

2.2.1.2 四车行道变为双车行道渐变段标线设置示例

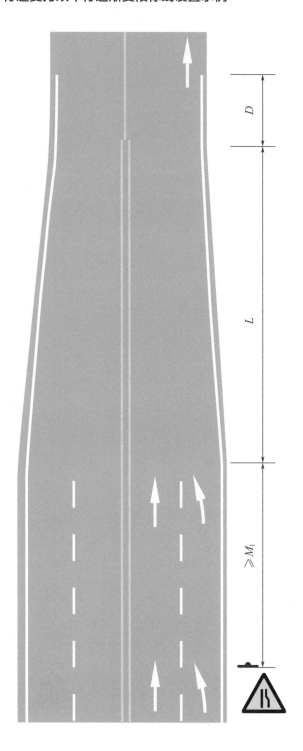

2.2.1.3 四车行道变为三车行道渐变段标线设置示例

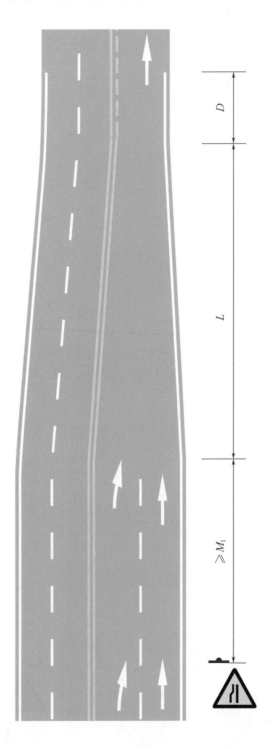

2.2.1.4　三车行道道路填充线渐变段标线设置示例

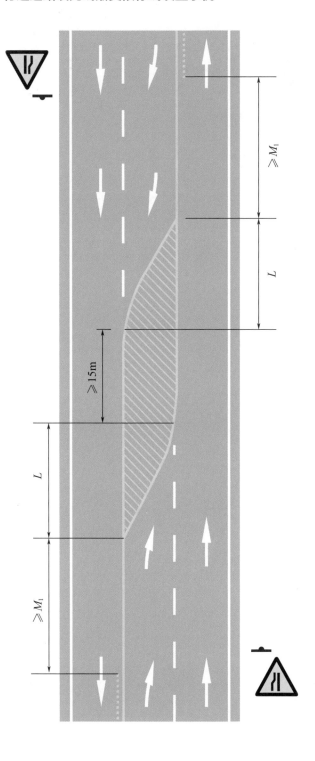

2.2.1.5　两车行道变为四车行道填充线渐变段标线设置示例

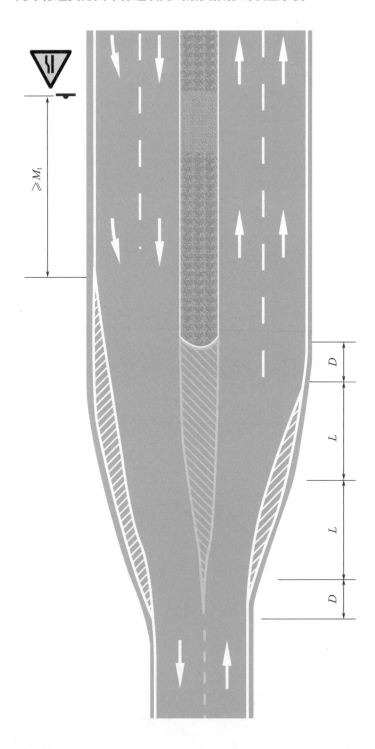

2.2.2　接近障碍物标线

2.2.2.1　双向四车行道道路接近道路中心障碍物标线设置示例

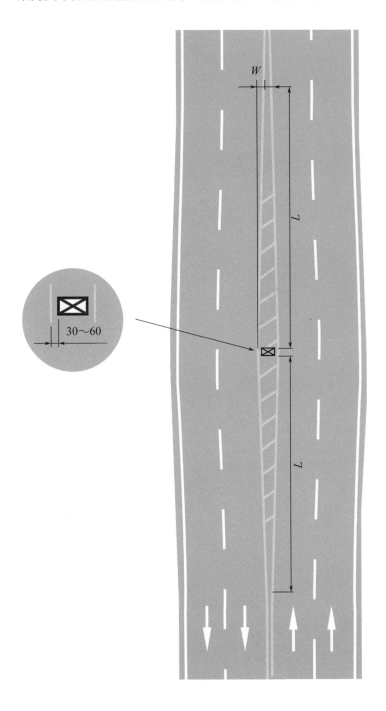

2.2.2.2 双向两车行道道路接近道路中心障碍物标线设置示例

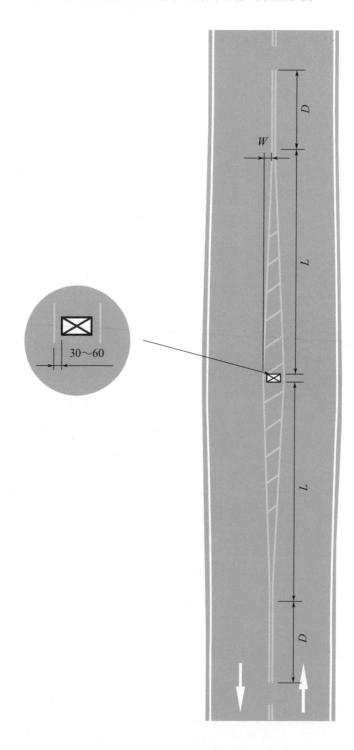

2.2.2.3 接近车行道道路中障碍物标线设置示例

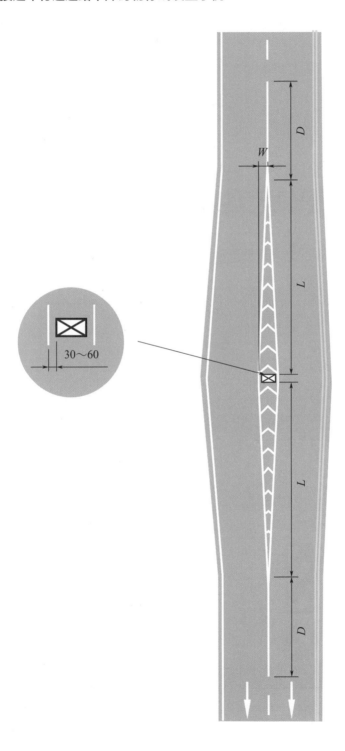

2.2.2.4 接近实体中央分隔带标线设置示例

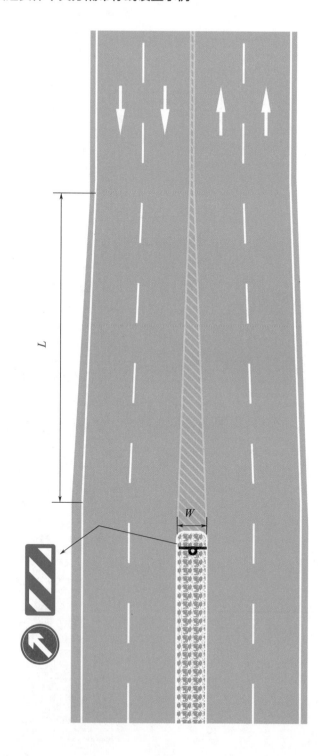

2.2.2.5　收费岛地面标线

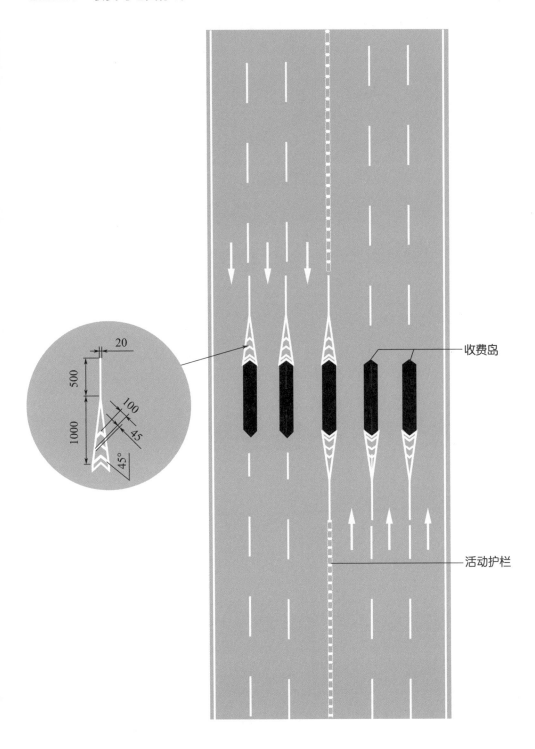

收费岛

活动护栏

2.2.3　铁路平交道口标线

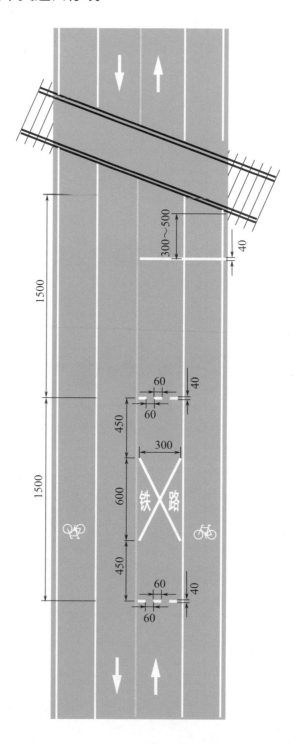

2.2.4　减速标线

2.2.4.1　收费广场减速标线

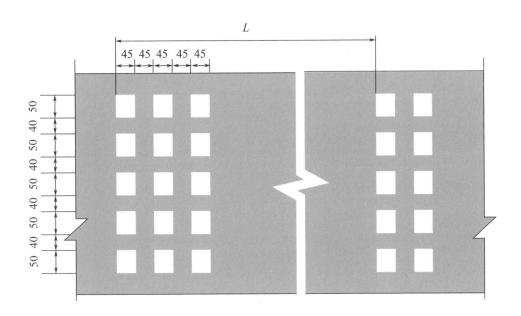

2.2.4.2　车行道横向减速标线

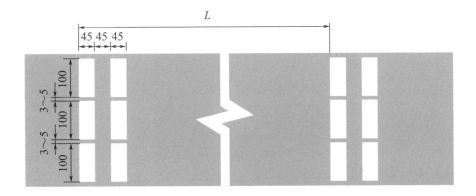

2.2.4.3　车行道纵向减速标线

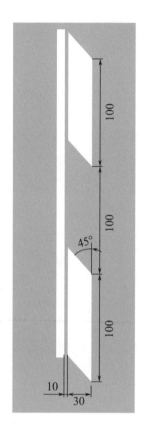

2.2.4.4　车行道纵向减速标线渐变段

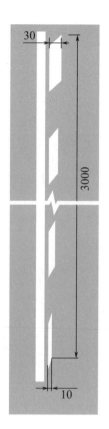

2.2.5　立面标记

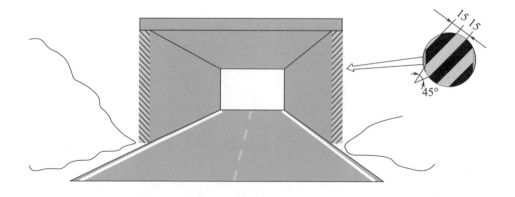

2.3 11种禁止标线

禁止标线包括禁止跨越对向车行道分界线、禁止跨越同向车行道分界线、禁止（长时间）停车线、停止线、让行线、非机动车禁驶区标线、导流线、中心圈、网状线（简化网状线）、车种专用车道线、禁止掉头（转弯）标记。

2.3.1 禁止跨越对向车行道分界线

2.3.1.1 双黄实线禁止跨越对向车行道分界线

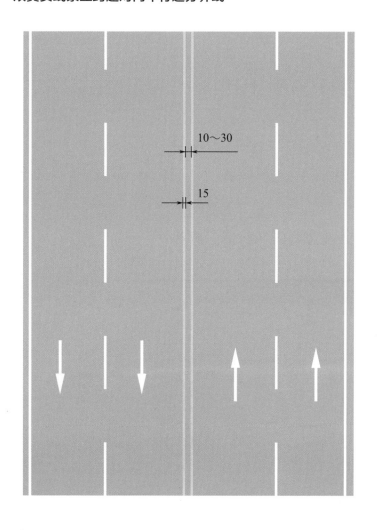

2.3.1.2 黄色虚实线禁止跨越对向车行道分界线

2.3.1.3 黄色单实线禁止跨越对向车行道分界线

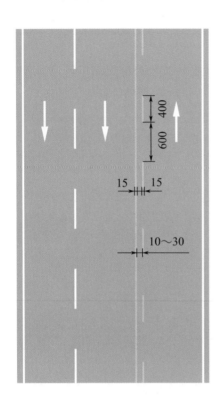

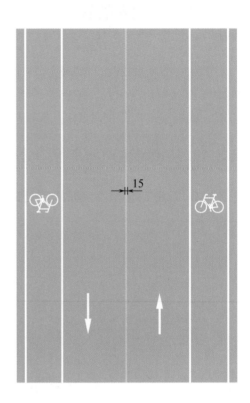

2.3.2 禁止跨越同向车行道分界线

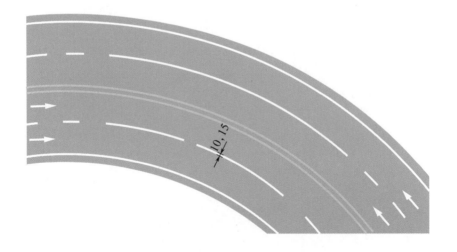

2.3.3 禁止（长时间）停车线

2.3.3.1 禁止长时间停车线

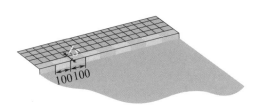

2.3.3.2 禁止停车线

2.3.4 停止线

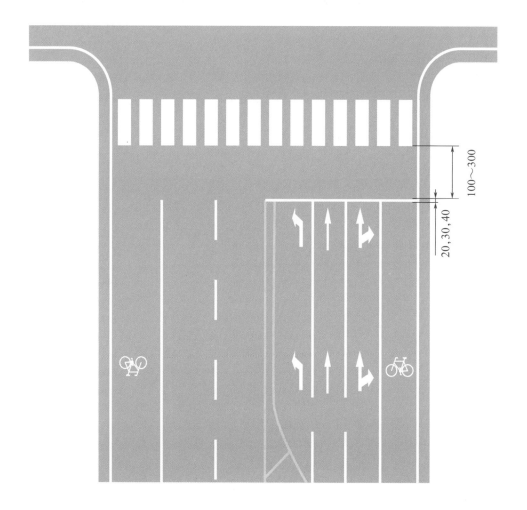

2.3.5 让行线

2.3.5.1 停车让行线

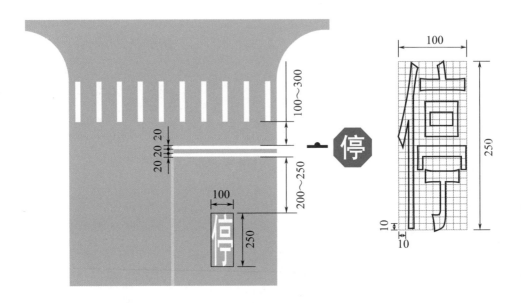

2.3.5.2 减速让行线

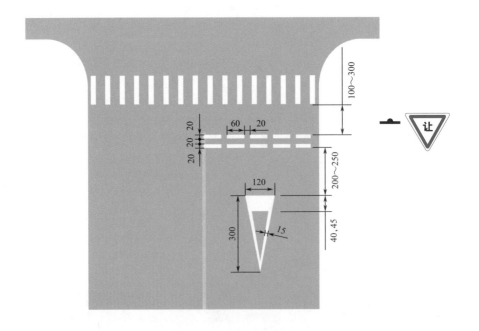

2.3.6 非机动车禁驶区标线

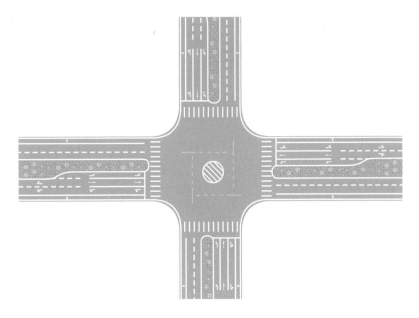

2.3.7 导流线

2.3.7.1 十字交叉口导流线设置示例

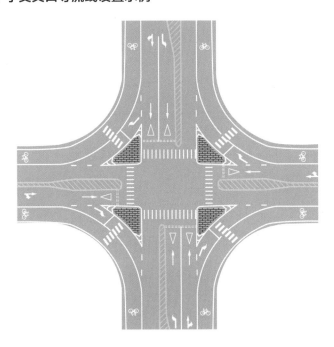

2.3.7.2　T形交叉口导流线设置示例

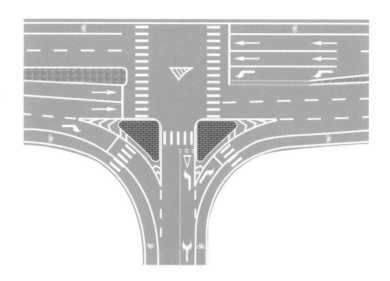

2.3.7.3　平面环形交叉口导流线设置示例

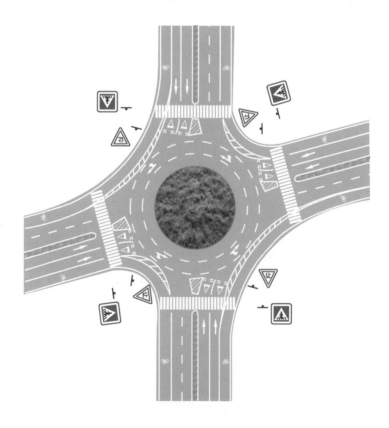

2.3.8　中心圈

2.3.8.1　圆形中心圈

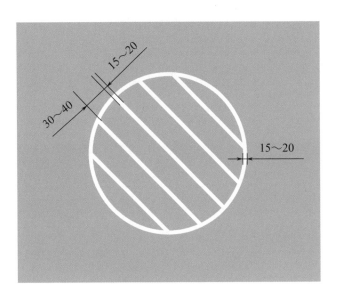

2.3.8.2　菱形中心圈

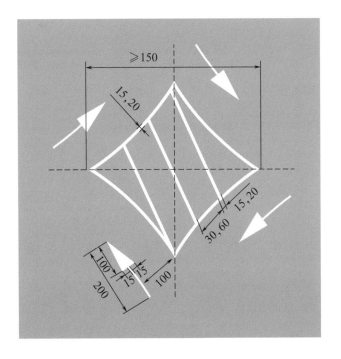

2.3.9　网状线（简化网状线）

2.3.9.1　网状线

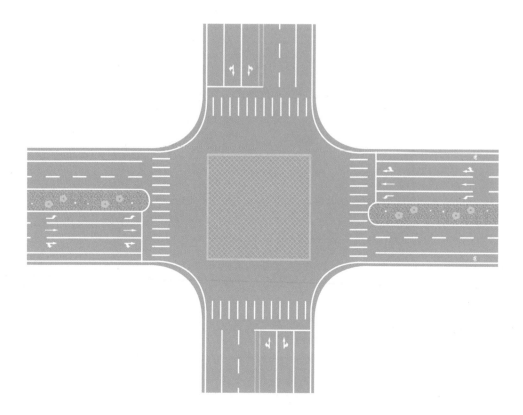

2.3.9.2　简化网状线

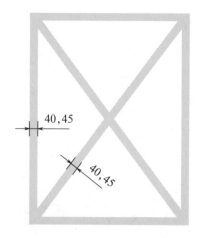

2.3.10 车种专用车道线

2.3.10.1 公交专用车道线

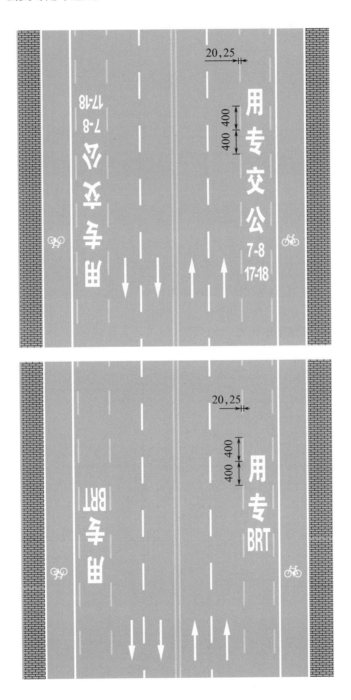

2.3.10.2 小型车专用车道线

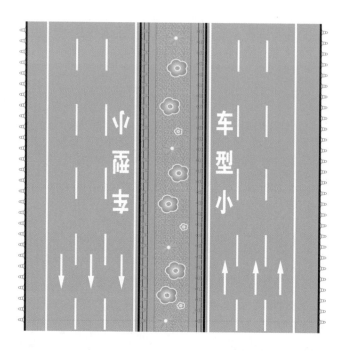

2.3.10.3 大型车专用车道线

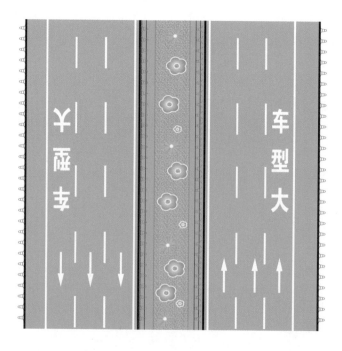

2.3.10.4　多乘员车辆专用车道线

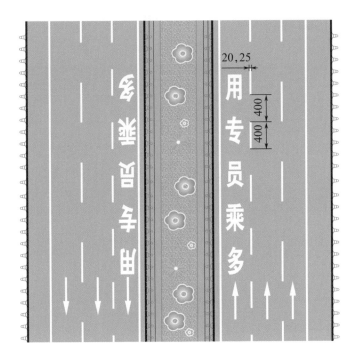

2.3.10.5　非机动车专用车道线

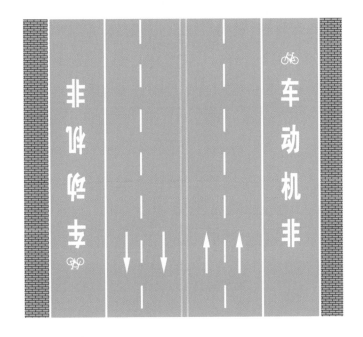

2.3.11 禁止掉头（转弯）标记

2.3.11.1 禁止掉头标记

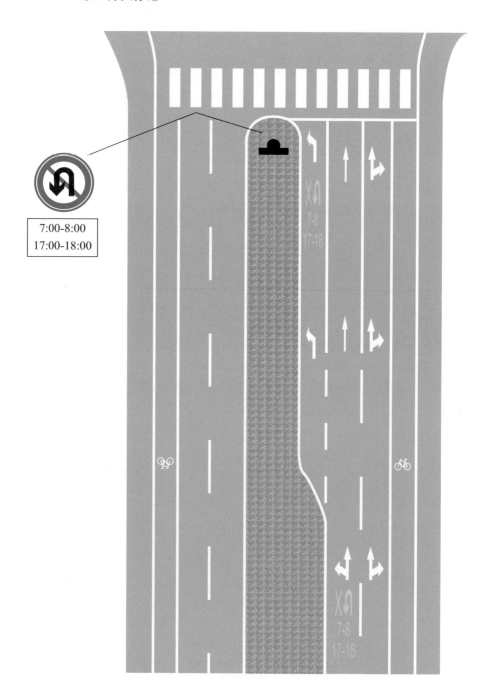

2.3.11.2 禁止转弯标记

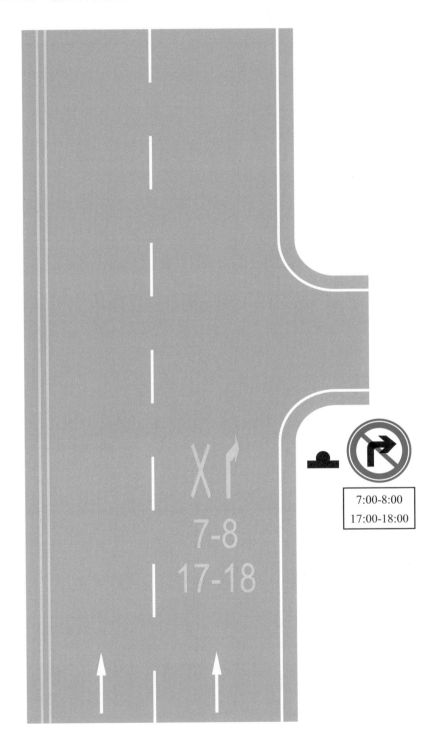

2.4　其他标线

2.4.1　凸起路标

2.4.1.1　凸起路标与标线配合设置示例

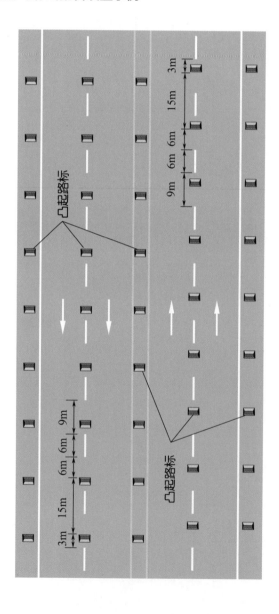

2.4.1.2　出口匝道凸起路标布设示例

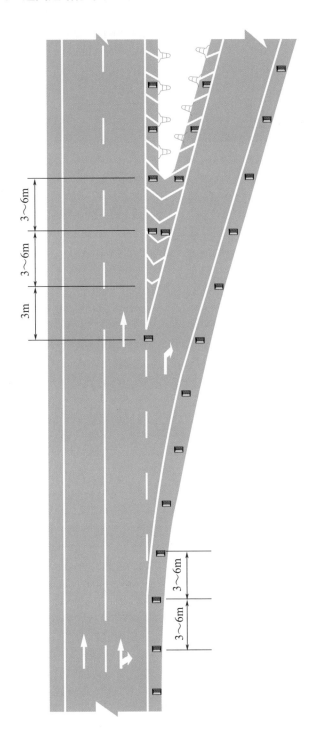

2.4.1.3　凸起路标组成的虚线标线示例

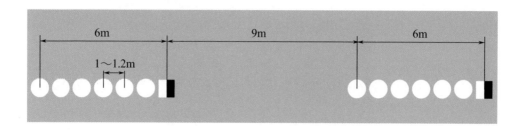

2.4.1.4　凸起路标组成的单实线示例

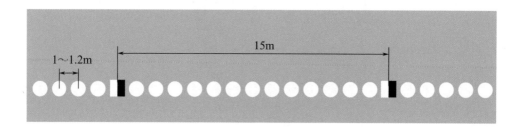

2.4.1.5　凸起路标组成的双实线示例

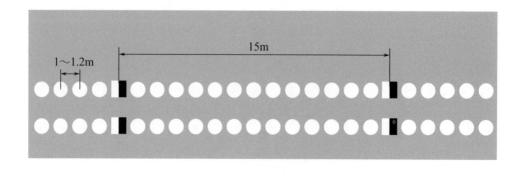

2.4.2 曲线段轮廓标

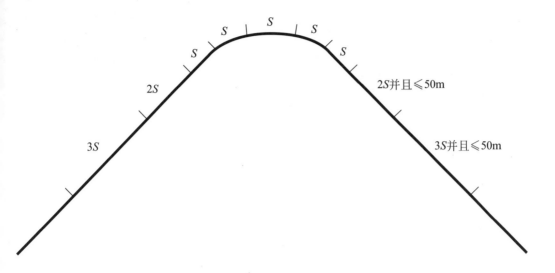

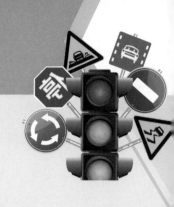

第3章

交通信号灯与交通警察指挥手势信号

3.1 交通信号灯的分类、通行规定和含义

3.1.1 交通信号灯的分类

3.1.1.1 机动车信号灯   3.1.1.2 非机动车信号灯   3.1.1.3 人行横道信号灯

3.1.1.4 车道信号灯、方向指示信号灯

3.1.1.5 闪光警告信号灯

3.1.1.6 道路与铁路平面交叉道口信号灯

3.1.2 信号灯通行的规定

红灯亮时，禁止通行，车辆应当停在停止线以外，右转弯的车辆在不妨碍被放行的车辆、行人通行的情况下，可以通行。绿灯亮时，准许车辆通行，但

转弯的车辆不得妨碍被放行的直行车辆、行人通行。黄灯亮时，已越过停止线的车辆可以继续通行。黄灯持续闪烁时，提示车辆驾驶人、行人通行时注意瞭望，在确保安全的原则下通过。

3.1.3 方向指示信号灯的含义

方向指示信号灯的箭头方向向左、向上、向右分别表示左转、直行、右转。绿色箭头灯亮时，准许本车道车辆按箭头指示方向通行，红色箭头灯亮时，箭头指示方向的车道禁止车辆通行。

3.1.4 道路与铁路平面交叉道口信号灯

道路与铁路平面交叉道口有两个红灯交替闪烁或者一个红灯亮时，禁止车辆、行人通行；红灯熄灭，允许车辆、行人通行。

3.2 通行示例

3.2.1 通过左转弯待转区转弯的正确方法

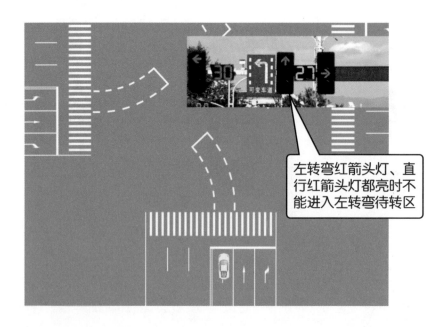

左转弯红箭头灯、直行红箭头灯都亮时不能进入左转弯待转区

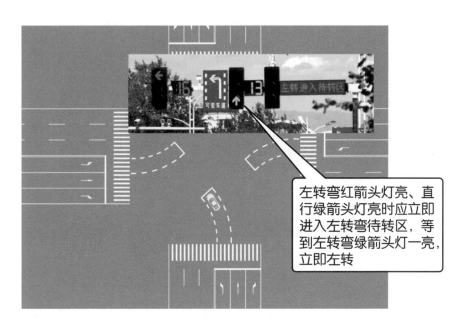

左转弯红箭头灯亮、直行绿箭头灯亮时应立即进入左转弯待转区，等到左转弯绿箭头灯一亮，立即左转

进入路口前（还没有越过停止线），看到左转弯绿箭头灯亮、直行红箭头灯亮时直接从路口进入左转弯待转区左转即可，但是要留意避让直行闯红灯的车辆、行人、非机动车等。左转弯绿箭头灯亮、直行红箭头灯亮这段时间是专门用于左转弯的时间，其他方向的车辆、行人等禁止通行。

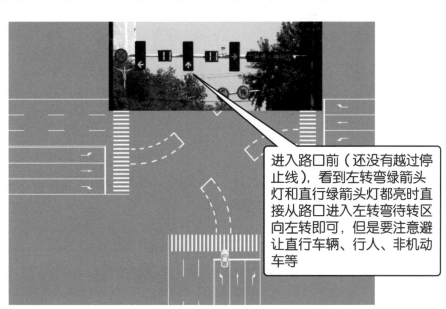

进入路口前（还没有越过停止线），看到左转弯绿箭头灯和直行绿箭头灯都亮时直接从路口进入左转弯待转区向左转即可，但是要注意避让直行车辆、行人、非机动车等

3.2.2 右转弯的正确方法

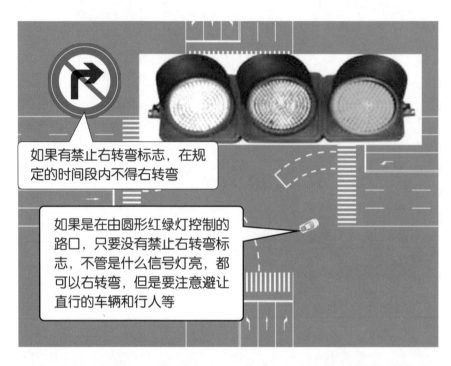

如果有禁止右转弯标志，在规定的时间段内不得右转弯

如果是在由圆形红绿灯控制的路口，只要没有禁止右转弯标志，不管是什么信号灯亮，都可以右转弯，但是要注意避让直行的车辆和行人等

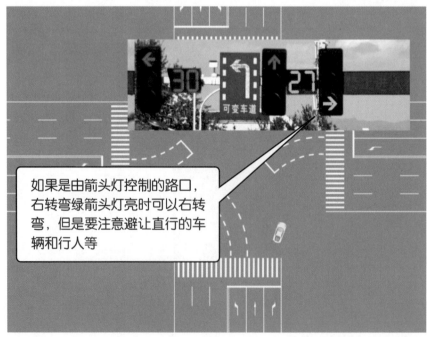

如果是由箭头灯控制的路口，右转弯绿箭头灯亮时可以右转弯，但是要注意避让直行的车辆和行人等

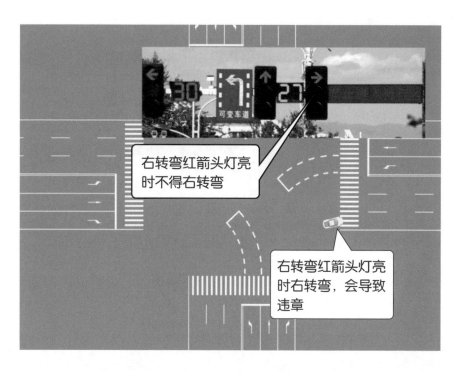

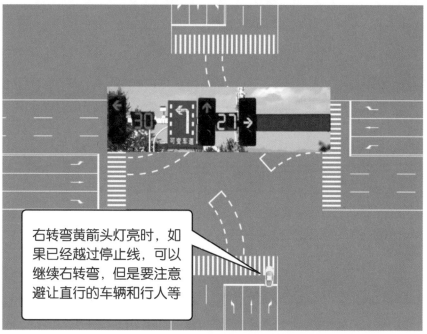

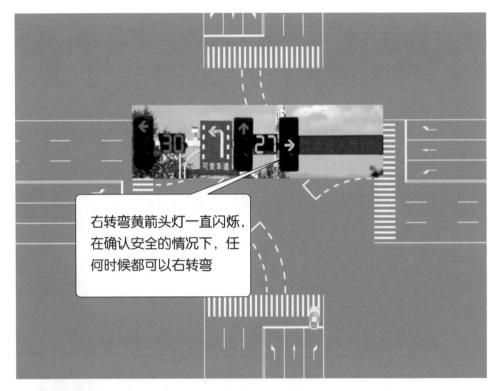

扫一扫
看动画视频

3.3　8种交通警察指挥手势信号及作用

全国施行的交通警察指挥手势信号分为停止信号、直行信号、左转弯信号、左转弯待转信号、右转弯信号、变道信号、减速慢行信号、示意车辆靠边停车信号。

以下各图中箭头代表手臂的运动方向。

3.3.1　停止信号

左臂向前上方直伸，掌心向前，不准前方车辆通行。

侧面　　　　　　　　　　　　正面　　　　　　　　　　　　还原

3.3.2　直行信号

　　左臂向左平伸，掌心向前；右臂向右平伸，掌心向前，向左摆动，准许右方直行的车辆通行。

还原

3.3.3 左转弯信号

右臂向前平伸，掌心向前；左臂与手掌平直向右前方摆动，掌心向右，准许车辆左转弯，在不妨碍被放行车辆通行的情况下可以掉头。

正面

侧面

正面

侧面

重复一遍该动作。

正面

侧面

正面

侧面

侧面

还原

3.3.4　左转弯待转信号

左臂向左下方平伸，掌心向下；左臂与手掌平直向下方摆动，准许左方左转弯的车辆进入路口，沿左转弯行驶方向靠近路口中心，等候左转弯信号。

正面

侧面

正面

侧面

重复一遍该动作。

正面

侧面

正面　　　　　　　　　侧面　　　　　　　　　还原

3.3.5　右转弯信号

左臂向前平伸，掌心向前；右臂与手掌平直向左前方摆动，手掌向左，准许右方的车辆右转弯。

正面　　　　　　　　　侧面

正面　　　　　　　　　侧面

115

重复一遍该动作。

正面

侧面

正面

侧面

正面

侧面

还原

3.3.6　变道信号

右臂向前平伸，掌心向左；右臂向左水平摆动，车辆应当腾空指定的车道，减速慢行。

正面　　　　　　　　　　　　　侧面

正面　　　　　　　　　　　　　侧面

重复一遍该动作。

正面 侧面

正面 侧面 还原

3.3.7 减速慢行信号

右臂向右前方平伸，掌心向下；右臂与手掌平直向下方摆动，车辆应当减速慢行。

正面 侧面

正面　　　　　　　　　　　侧面

重复一遍该动作。

正面　　　　　　　　　　　侧面

正面　　　　　　　　侧面　　　　　　　　还原

3.3.8　示意车辆靠边停车信号

左臂向前上方平伸，掌心向前；右臂向前下方平伸，掌心向左；右臂向左水平摆动，车辆应当靠边停车。

侧面

正面

侧面

正面

侧面

正面

重复一遍该动作。

侧面	正面	
侧面	正面	
侧面	正面	还原

交通警察在夜间没有路灯、照明不良或者遇有雨、雪、雾、沙尘、冰雹等低能见度天气条件下执勤时，可以用右手持指挥棒，按照上述手势信号进行指挥。

第4章

15组容易混淆的
交通标志

4.1 会车先行标志、会车让行标志与双向交通标志

会车先行

表示车辆在会车时白箭头方向车辆享有优先通行权,而红箭头方向车辆需要让行

会车让行

表示车辆在会车时黑箭头方向车辆享有优先通行权,而红箭头方向车辆应停车让对方车先行

双向交通

在双向行驶的道路上,采用天然或人工的隔离措施,把上下行交通完全分离,由于某种原因形成无隔离的双向车道时,须设置此标志。用以提醒车辆驾驶人注意会车

区分方法

通常会车让行和会车先行是配合使用的,分别设在会车有困难的狭窄路段的两端,记住红箭头对应需要让行的一方就可以了。

4.2　环形交叉路口标志与环岛通行标志

环形交叉路口

指的是道路交会处设有中心岛。通过交叉路口的车辆一律绕环岛单向环形行驶，再转入所去的道路

环岛通行

表示一切车辆只准靠右环行

4.3　停车让行标志与减速让行标志

停车让行

表示车辆驾驶人应在停止线前停车瞭望，确认安全后，方可通行

减速让行

表示车辆应减速让行，警告车辆驾驶人应慢行或停车，观察干道行车情况，在确保干道车辆优先通行并确认安全的前提下，方可进入路口

4.4　禁止驶入标志与禁止通行标志

禁止驶入

表示禁止一切车辆驶入，行人不受限制

禁止通行

表示所有车辆、行人、非机动车不得通行，
多安放于施工路段前

4.5　单行道标志与只准直行标志

单行道

表示该道路为单向行驶，已进入车辆应
依标志指示方向行车

只准直行

表示一切车辆只准直行

区分方法

方形表示道路；圆形表示命令。

4.6　禁止停车标志与禁止长时间停车标志

禁止停车

表示在限定的范围内，禁止一切车辆停、放

禁止长时间停车

表示在限定的范围内，禁止一切车辆长时间停、放，临时停车不受限制，比如上下乘客、装卸货物等

区分方法

叉表示任何时候（一分一秒）都不能停；减号（少了一杠）表示可以停几分钟时间。

4.7　注意行人标志与人行横道标志

注意行人

用以警告车辆驾驶人减速慢行，注意行人

人行横道

表示该处为人行横道

区分方法

黄色表示警告；方形表示道路。

4.8　两侧通行标志、右侧通行标志和左侧通行标志

两侧通行
把红线想象成扫把，
红线向左右扫，表示两侧通行

右侧通行
把红线想象成扫把，红线
向右扫，表示右侧通行

左侧通行
把红线想象成扫把，红线
向左扫，表示左侧通行

4.9　双向交通标志与潮汐车道标志

双向交通
用以提醒车辆驾驶人注意会车

潮汐车道
用以警告车辆驾驶人注意前方为潮汐车
道。旁边有两条双虚线，表示车道

4.10 紧急停车带标志与错车道标志

紧急停车带

错车道

紧急停车带指的是在高速公路和一级公路上，供车辆临时发生故障或其他原因紧急停车使用的临时停车地带。紧急停车带只供紧急情况下使用，不得无故占用

错车道指的是在单车道道路上，供车辆交错避让用的一段加宽车道，是四级公路采用4.5m单车道路基时，为错车而在适当距离内设置的加宽车道

4.11 机动车行驶标志与机动车车道标志

机动车行驶

机动车车道

表示该道路只供机动车行驶，指的是整个路段

表示该车道只供机动车行驶，方形和两条虚线表示这条路上的一个车道，而不是整个路段

4.12　注意行人标志与注意儿童标志

注意行人
用以警告车辆驾驶人减速慢行，注意行人

注意儿童
用以警告车辆驾驶人减速慢行，注意儿童

区分方法　注意行人标志是表示前方道路行人密集，或者有人行横道，但是不易被发现的标志，多数属于警告车辆和行人注意危险地点的标志，是黑线黄底的三角形，一般设在郊外道路上划有人行横道的前方；注意儿童标志一般设在小学、幼儿园、少年宫、儿童游乐场等儿童频繁出入的场所或通道处，用以警告车辆驾驶人减速慢行，注意儿童。

4.13　路面不平标志、路面高凸标志与驼峰桥标志

路面不平
提醒车辆驾驶人减速慢行

减速丘（路面高凸）
提醒车辆驾驶人减速慢行

驼峰桥
看见驼峰桥标志时应靠右侧行驶并应减速慢行，适当鸣喇叭

区分方法　路面不平标志的图形中有2个凸起、1个凹陷，表示不平整，一般设在路面颠簸路段或桥头凹凸幅度较大地点前适当的位置，可作临时标志使用；减速丘标志的图形中有1个大凸起，表示路面是高弓形，一般设置在路面突然高凸以前的适当位置；驼峰桥标志的图形中有1个桥洞，是在拱度很大、影响视线的驼峰桥前设置的一种标志。

4.14　限制速度标志与解除限制速度标志

限制速度

表示该标志至前方解除限制速度标志或另一个不同限速值的限制速度标志的路段内，机动车行驶速度（单位为 km/h）不准超过标志所示数值

解除限制速度

斜杠代表解除，表示限制速度路段结束

4.15　窄桥标志与两侧变窄标志

窄桥

设在位于桥面宽度小于路面宽度且桥的宽度小于 6m 的窄桥前面适当位置的标志

两侧变窄

沿道路中心线对称变窄的道路

第5章
8组容易混淆的
交通标线

记忆窍门

❶ 无论单黄实线还是双黄实线，或是白实线，只要是实线，就是严禁跨越的，把实线想象成一堵墙。比如超车、转弯、掉头等，行车时没有特别情况就不应该越线。

❷ 无论单黄虚线还是双黄虚线，只要是虚线，就可以在保证安全的情况下超车或掉头。

❸ 无论是黄实线还是黄虚线，单黄线一般用于双向四车道以内（包括自行车道）的道路上，双黄线一般用于较宽路面。

5.1　单白色实线与单黄色实线

5.1.1　路边的单白色实线和单黄色实线

> 路边的单白色实线，用来分隔机动车道与非机动车道或人行道。只要路边没有停车位，就不能停车

> 路边的单黄色实线路段表示全线禁止停车，如为黄色虚线可以临时停车

特别提示

　　路边能否临时停车，不是由道路上的标线决定的，而是由路边的以下两个交通标志决定的。

禁止停车

禁止长时间停车

5.1.2 路口的单白色实线

路口的单白色实线，用来分隔同向机动车道，不得越线

5.1.3 路中的单黄色实线

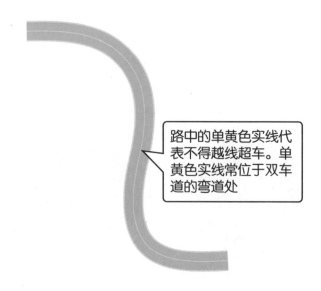

路中的单黄色实线代表不得越线超车。单黄色实线常位于双车道的弯道处

5.2　单白色虚线与单黄色虚线

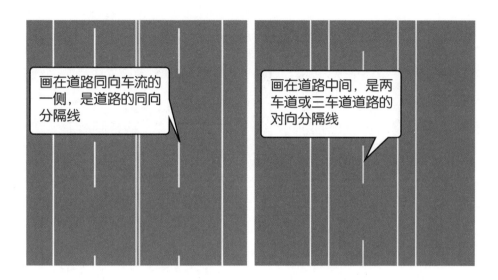

5.3　双黄色实线与黄色虚实线

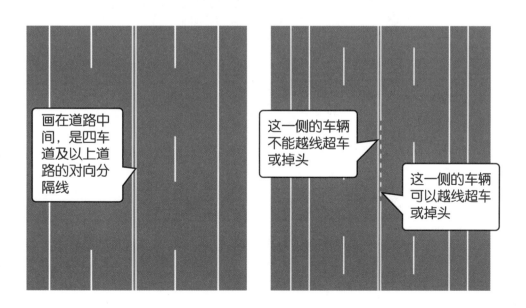

5.4　单黄色虚线、双黄色实线与双黄色虚线

5.5　禁止停车标线和禁止长时间停车标线

禁止停车标线，是
画在路沿上的黄色
实线

禁止长时间停车标
线，是画在路沿上
的黄色虚线

5.6　停止线、停车让行线和减速让行线

停止线是车辆等候放行信号（绿灯或者交通警察的指挥手势）时的停车位置线

停车让行线和停车让行标志一起使用，要停车观察，表示车辆驾驶人应在停止线前停车瞭望，确认安全后，方可通行

减速让行线和减速让行标志一起使用，表示应减速慢行或停车，观察干道行车情况，在确保干道车辆优先和安全的前提下，方可进入路口

5.7 收费广场减速标线与车行道横向减速标线

5.7.1 收费广场减速标线

收费广场减速标线位于收费广场前，比如高速公路收费站之前的减速标线，为白色反光虚线。

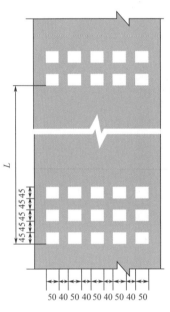

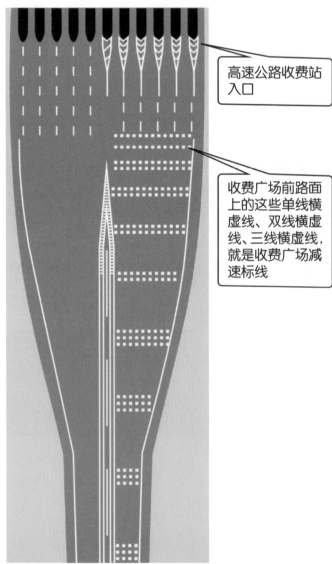

高速公路收费站入口

收费广场前路面上的这些单线横虚线、双线横虚线、三线横虚线，就是收费广场减速标线

5.7.2　车行道横向减速标线

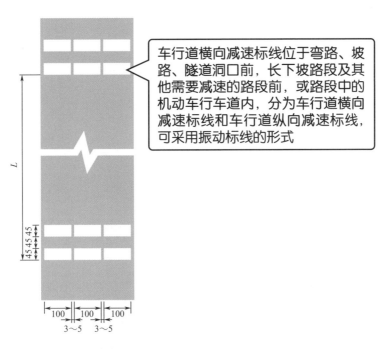

车行道横向减速标线位于弯路、坡路、隧道洞口前，长下坡路段及其他需要减速的路段前，或路段中的机动车行车道内，分为车行道横向减速标线和车行道纵向减速标线，可采用振动标线的形式

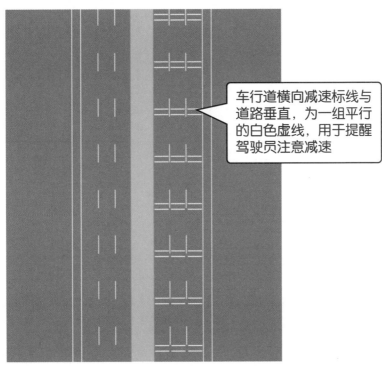

车行道横向减速标线与道路垂直，为一组平行的白色虚线，用于提醒驾驶员注意减速

5.8 出租车专用待客停车位标线与出租车专用上下客停车位标线

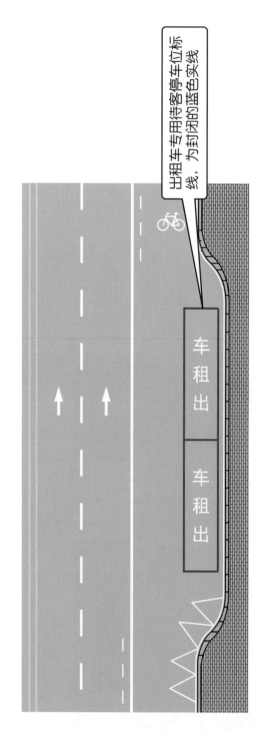

出租车专用待客停车位标线，为封闭的蓝色实线

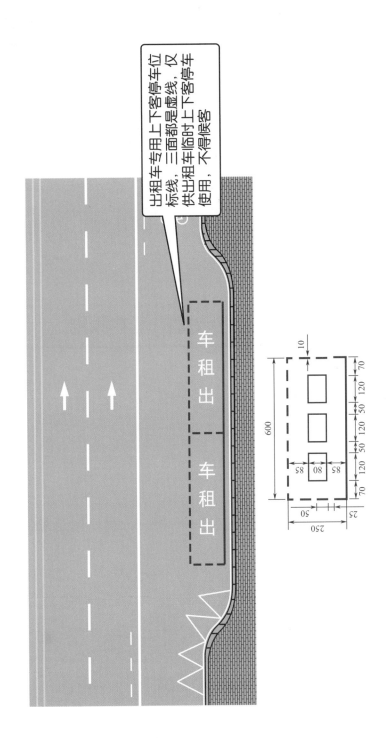

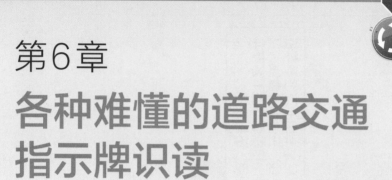

第6章
各种难懂的道路交通指示牌识读

6.1 读懂道路交通指示牌的基本原则

6.1.1 左近右远原则

前方路口为八一路的标识标志牌和街道示意图见下页。

从八一路口往前走，首先到达横向街道建国路路口，再往前走，到达横向街道新华路路口，在标志牌上就是左边的建国路，右面的新华路，这就是左近右远原则。高速公路和城市快速路入口、出口标志牌也有类似的情况。

扫一扫
看动画视频

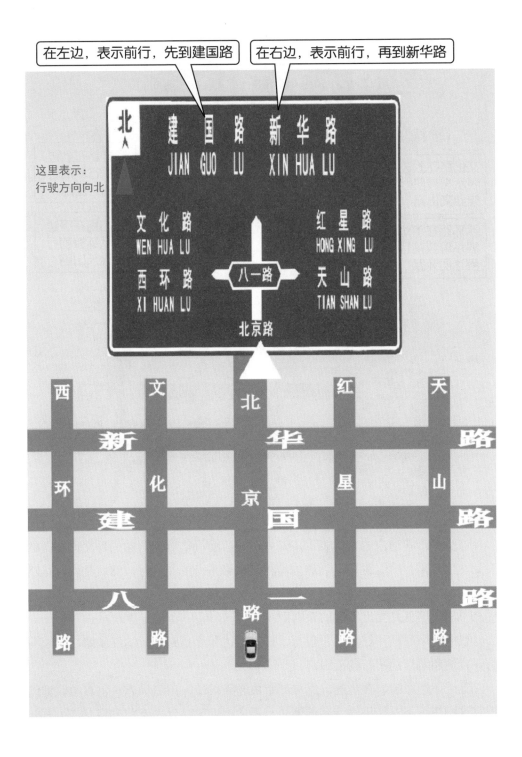

在左边，表示前行，先到建国路

在右边，表示前行，再到新华路

这里表示：
行驶方向向北

143

6.1.2 上近下远原则

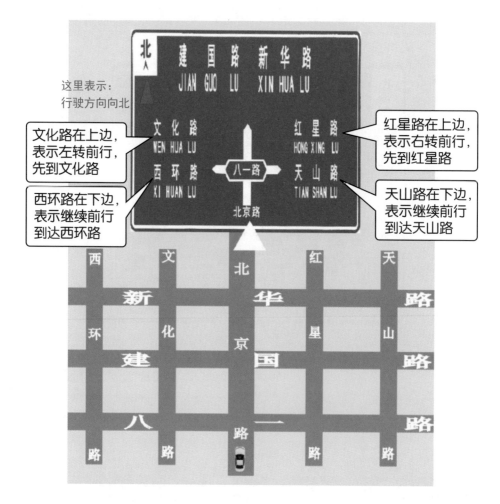

这里表示：
行驶方向向北

文化路在上边，
表示左转前行，
先到文化路

西环路在下边，
表示继续前行
到达西环路

红星路在上边，
表示右转前行，
先到红星路

天山路在下边，
表示继续前行
到达天山路

这个标志牌向左的方向表示，如果左转后前行，首先到达的是文化路，然后到达西环路。就是说首先到达的是和北京路平行的文化路，然后是和北京路平行的西环路。在标志牌上，离我们近的文化路标在上面，离我们远的西环路标在下面，这就是上近下远的原则。

根据这个原则，往右转，前行，首先到达和北京路平行的红星路，继续前行，到达和北京路平行的天山路。

上近下远原则，在高速公路和城市快速路入口、出口标志牌也有类似的情况。这种情况下，如果地点名称不表示距离远近时，就表示前方将有几个方向的出口。

6.2　道路交通指示牌的识读技巧

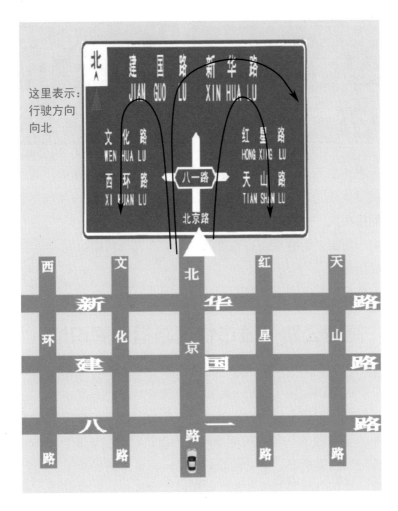

可以把标识牌表示要到达的街道的先后顺序想象成喷泉：以前进方向为中线，向前和向右的喷泉沿顺时针方向喷（向右喷），向左的喷泉沿逆时针方向喷（向左喷）。

❶ 前方横向街道喷的顺序是：喷泉沿顺时针方向喷，先喷到前方第一条街道建国路，再喷到前方第二条街道新华路。

❷ 左方平行街道喷的顺序是：先喷到左方第一条街道文化路，再喷到左方第二条街道西环路。

❸ 右方平行街道喷的顺序是：先喷到右方第一条街道红星路，再喷到右方第二条街道天山路。

以下面的标志牌为例，识读方法如下。

这个标志牌表示当前行驶的道路是北京路，当前路口横向街道为八一街，下一路口的横向街道是建国街。与北京路平行的左边的第一条街道为文化路，也就是说如果在八一街路口向左转后，向前行驶将到达文化路。与北京路平行的右边的第一条街道为红星路，也就是说如果在八一街路口向右转后，向前行驶将到达红星路。

6.3 高速公路、城市快速路指示牌识读

读懂公路指示牌编号和高速公路指示牌编号，即使不用导航，也能轻而易举地辨别出行驶位置和方向，这样就可以避免少走很多弯路。尤其是在高速公路上，如果需要救援的时候，就能准确地报出自己的位置和行驶方向。况且，行驶中操作导航和手机都是非常危险的事情，即是用语音操作，也会造成严重的分心，容易忽视道路周围的情况，如果是高速行驶，那就更危险了。看懂前方标志牌，既安全又简单，还省心。万一发生手机没电等问题，也不至于惶恐不安了。

普通公路和高速公路编号的区别如下。

6.3.1 红底白字＋G＋三位数字表示普通国道

国家级高速公路和国道，均以字母G开头（G是"国"的第一个拼音字母g的大写），但是字母G后面数字的位数不同，国道是G后面加三位数字，如

G219国道，其他G后面跟一位、两位、四位数字的都是指高速公路。

国道标志牌是红底白字。

G后面的第一个数字，表示道路的走向。G后面的第一位数字是"1"表示以首都北京为起点，向外发散的各条国道，按顺时针方向依次编号。G后面的第一位数字是"2"表示，以北方为起点向南的各条国道，由东向西编号。G后面的第一位数字是"3"表示，以东方为起点向西的各条国道，由北向南编号。

通过G后面的第一位数，不需要导航，就可以判断我们的行驶方向。

G后面的第一位数字是"5"，表示《国家公路网规划（2013～2030年）》中新增联络线国道。

举例如下。

❶ G105，表示以北京为起点的一条国道。

❷ G248，表示从北向南的一条国道。

❸ G318，表示从东向西的一条国道。

6.3.2 黄底黑字+S+三位数字表示省级普通公路

省道、县道、乡道、村道参照国道编号规则。

以省道为例，S是"省"的第一个拼音字母s的大写，标志牌是黄底黑字。
举例如下。

❶ S103，表示以省会为起点的一条省道。

❷ S203，表示从北向南的一条省道。

❸ S309，表示从东向西的一条省道。

6.3.3 绿底白字+G+数字表示国家级高速公路

国家级高速公路的编号：G后面跟1位、2位、4位数字，如G3（京台高速），
但是没有3位，3位被普通公路独占了。

国家级高速公路标志牌标题是红底白字，和国道标志牌颜色一致，表示是
国家级，标志牌主体是绿底白字，表示是高速公路。

❶ G后面跟1位数，是指从北京出发的放射线高速公路，目前共有7条，G1～G7按顺时针方向排序。

例如G3，表示京台高速（北京—台北）。

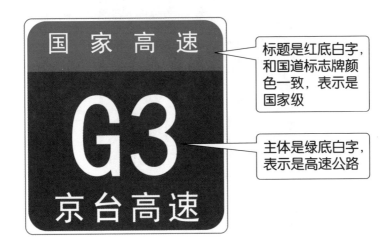

标题是红底白字，和国道标志牌颜色一致，表示是国家级

主体是绿底白字，表示是高速公路

❷ G后面跟2位数，这2位数是奇数时，表示是北向南走向的高速公路，由东向西升序编排。

例如，G25，25是个两位数，25是奇数，方向从北（长春）向南（深圳），是长深高速的编号。

❸ G后面跟2位数，这2位数是偶数时，表示是东西向走向的高速公路，由北向南升序编排。

例如，G30（连霍高速），从江苏连云港（东）到新疆伊犁霍尔果斯（西）。

❹ G后面跟2位数，数字9开头，表示地区环线，目前共有6条，按由北向南的顺序排列。

例如，G95，是首都地区环线高速的编号。

❺ G+主线编号+方位+序号，表示并行线。方位用E、S、W、N来表示。并行线与高速公路主线大致走向一致，分担主线一部分交通流量，两端与高速公路主线相连接。

例如，G4W3，表示乐昌—广州的高速公路，简称乐广高速，又称乐广高速公路，是京港澳高速（G4）西侧并行线之一。乐广高速北起湖南和广东两省交界地小塘，向南经大瑶山、乐昌、曲江、英德、清远，最终到达广州市花都区花山镇，接广州机场高速公路，肇花（肇庆至花都）高速公路。

❻ G+主线编号+序号，表示联络线，作为多条主线高速公路的连接纽带，大部分联络线可连接多条高速公路。

例如，G2518（深岑高速），表示深圳—岑溪高速公路，简称深岑高速，又称深岑高速公路，是长深高速（G25）的联络线之一。深岑高速起点在深圳市，经过广东、广西两省区，终点在广西壮族自治区岑溪市。

6.3.4　绿底白字+S+数字表示省级高速公路

省级高速公路编号规则与国家级高速公路类似。标志牌标题是黄底黑字，和省道标志牌颜色一致，表示是省级，主体是绿底白字，表示是高速公路。

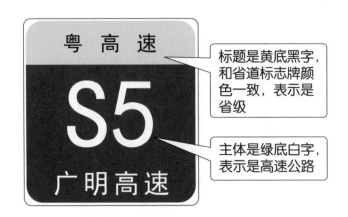

标题是黄底黑字，和省道标志牌颜色一致，表示是省级

主体是绿底白字，表示是高速公路

6.3.5　高速公路入口指示牌的识别

❶ 高速公路起点。

高速公路起点

高速公路起点

无统一编号的高速公路或城市快速路起点

❷ 入口预告。

入口预告

入口预告

入口预告

把它理解成再行驶2km（或1km或500m）将进入G15国家级高速公路，汕头（左）—深圳（右）路段，汕头是这段路的始端，深圳是这段路的末端，也是左近右远

入口预告　　　　　　　入口预告
在入口左方道路行驶的车辆　在入口右方道路行驶的车辆
向右行驶才能进入这个入口　向左行驶才能进入这个入口

❸ 下面的无统一编号高速公路或城市快速路入口标志含义类似。

❹ 带编号标识的地点、方向。

向左前方行驶进入国家级　　向右前方行驶进入国家级
高速公路G2天津方向　　　高速公路G2济南方向

❺ 地点距离，上近下远。

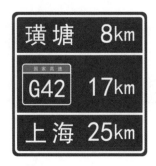

前方8km到璜塘，17km到国家级高速公路G42，行驶25km到达上海，
从高速公路这些出口分别驶出就可以到达相应地点

6.3.6 高速公路与城市快速路出口指示牌的识别

❶ 城市区域多个出口时的地点距离。

也是上近下远的排列顺序

❷ 右侧出口预告。

右侧出口预告　　　　　　　右侧出口预告　　　　　　　右侧出口预告

理解成驶出右前方编号48的出口，将进入G324国道云霄—常山段，也是左近右远

❸ 左侧出口类似。

右侧出口预告

6.3.7 我国公路分类知识

第一等级：国家级高速公路和国道，均以字母 G 开头，也就是"国"的拼音首字母的大写。

第二等级：省道，以字母 S 开头，"省"的拼音首字母的大写。

第三等级：县道，以字母 X 开头，"县"的拼音首字母的大写。

第四等级：乡道，以字母 Y 开头，因为"乡"的拼音首字母也是 X，已经分配给县道，于是使用下一个字母 Y。

第五等级：村道，以字母 C（cūn，村）开头。

专用道路，以字母 Z（zhuān，专）开头。

6.4 读懂高速公路位置指示牌

6.4.1 里程牌和百米牌的作用

安放在高速公路护栏上的里程牌和百米牌，是用来确定车辆所处具体位置的。如果需要救援，这时候可以利用它们报出准确的位置。

6.4.2 里程牌和百米牌的识读

例如，下面的里程牌和百米牌，只要报出 G30，4168km+500m 处，并告知从连云港来，想去赛里木湖游玩，也可以直接报出行驶方是从东往西走，救援部门就知道你在什么位置和哪条车道上了。

具体方法如下。

里程牌，每隔 1km 安装一个。上面的数字 4168 代表距离起点江苏连云港的里程（km），下面的 G30 是连霍高速的编号

百米牌。每 100m 安装一个。数字代表距离本里程碑（这里是 4168km）是多少个百米（这里是 500m）

由此可知，这两块牌子上的信息有两个：①在哪条路上，这里是 G30；②在什么位置，这里是 4168km+500m 处。再告知救援部门你的行驶方向，他们就能找到你所在的位置了。告诉行驶方向是必须的，因为高速公路上有隔离带，报错方向救援单位可能会到对面车道上，给救援带来不必要的麻烦

第 7 章
道路交通标线和标志通行注意事项

7.1 虚线与虚实线通行注意事项

7.1.1 白色虚线通行

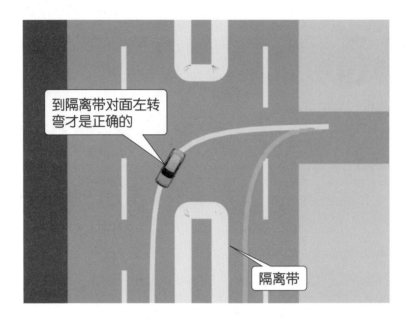

7.1.2 双黄虚线通行

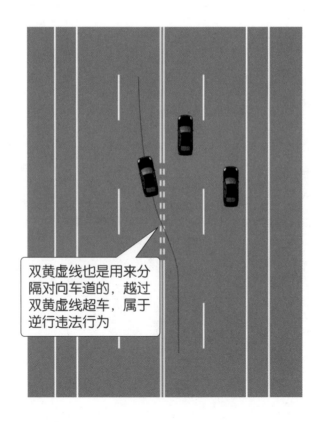

7.1.3　车行道纵向减速标线通行

车行道纵向减速标线为一组平行于车行道分界线的菱形块虚线。在车行道纵向减速标线的起始位置，有30m的渐变段，菱形块虚线由窄变宽。

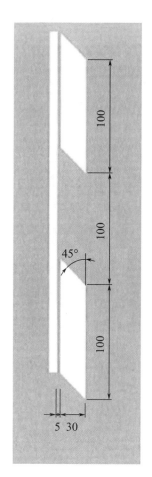
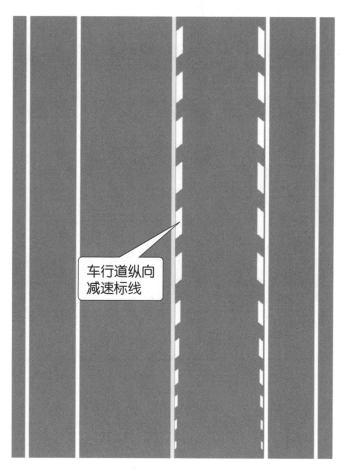

车行道纵向减速标线

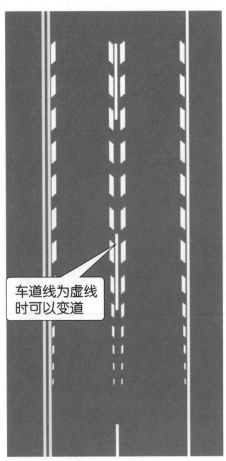

7.1.4　左转弯导向线通行

　　左转弯导向线是从路口左转弯车道内侧或外侧，也可以是从内外两侧延伸出的虚线，按照左转弯的曲度，一直延伸至车辆完成左转后即将驶入的车道前，用于辅助车辆行驶和转向。

　　如果左转弯导向线在左转弯车道左侧，那么车辆必须沿左转弯导向线右侧行驶；如果左转弯导向线在左转弯车道右侧，那么车辆必须沿左转弯导向线左侧行驶。

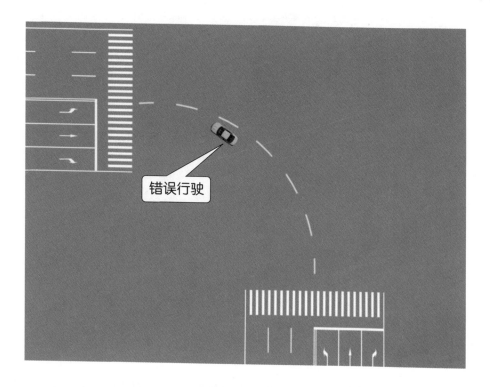

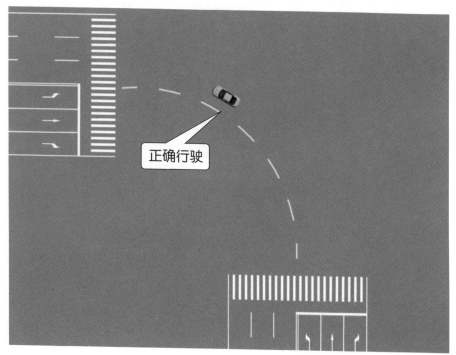

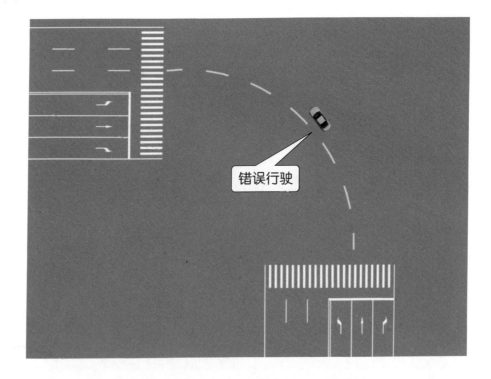

错误行驶

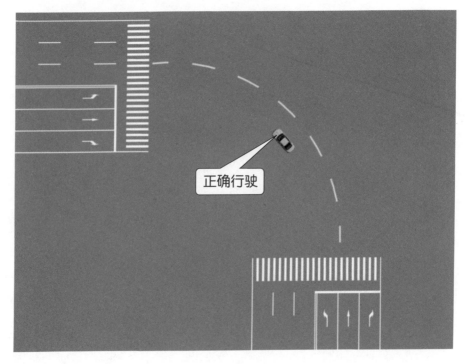

正确行驶

7.2　垂直横线通行注意事项

垂直横线垂直于道路，用来提醒减速，遇到这些标线减速行驶即可，否则可能会被扣分罚款。

7.2.1　高速公路用减速标线

高速公路上减速标线的形式较多，主要有下列几种。

❶ 振动标线，一般位置在平曲线外侧、下陡坡及长大下坡外侧的车道边缘线位置，有些代替了车道边缘线，主要目的是通过振动提醒驾驶员注意行车位置和车速。

❷ 普通减速标线，与收费广场减速标线的形式类似，一般位于长大下坡路段、陡坡路段等，有些配合标志进行设置，目的是提醒驾驶员注意控制车速。

❸ 彩色减速标线，一般位于下陡坡、小半径等路段。

❹ 立体减速标识或其他形式的减速标识，这类减速标识一般与城市道路上的减速标识相同，用以提醒驾驶员注意安全，控制车速。

高速公路用减速标线可以是多种颜色。

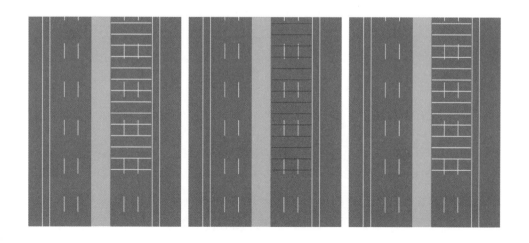

7.2.2 隧道口前的减速标线

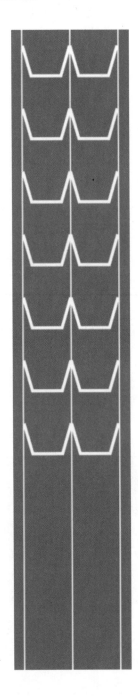

7.3　网状线与导流线通行注意事项

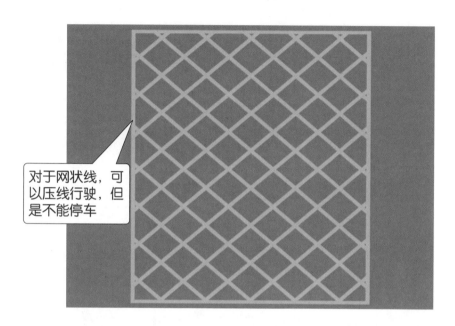

对于网状线，可以压线行驶，但是不能停车

对于导流线，不能停车，不能压线行驶

7.4 掉头标志通行注意事项

扫一扫
看动画视频